힘을 다하여
주님을 기다리라

이 소중한 책을

특별히 _____님께

드립니다.

김장환 목사와 함께
주제별 설교 · 성경공부 · 예화 자료

· · ·

힘을 다하여
주님을 기다리라

나침반

목차

서문

빌리 그래함은 "우리는 지금 12시 5분 전에 살고 있다"라고 말했습니다. 그만큼 우리는 주님의 재림을 앞둔 절박한 시대 속에 살고 있습니다.

우리가 살고 있는 오늘의 세대가 '말세'임을 부인할 사람은 아무도 없을 것입니다. 정치, 경제, 사회, 문화, 그리고 도덕 등 삶의 모든 분야가 우리의 의지와는 상관없이 극단적인 방향으로 흐르고 있습니다. 그런데 사람들은 오늘의 세대가 '마지막 때'임을 느끼면서도 정신을 차리지 못하고 되는 대로 살고 있습니다.

주님을 알지 못하는 세상 사람에게 종말은 두려운 일이겠지만 주님을 기다리는 우리에게 주님의 재림은 두려움이 아닌 '환희'의 날입니다. 하지만 그날을 우리가 기쁨으로 맞이하기 위해서는 주님을 기다리며 성실한 믿음의 삶을 살아야 합니다.

미국 시카고의 어느 선교 단체의 현관에 기록된 말처럼 '주님이 다시 오시는 그날은 바로 오늘'일지도 모르기 때문입니다.

그렇다면 나를 통하여 지금도 하나님의 일을 이루기 원하시는 주님을 향한 나의 기다림은 어떠한지 곰곰이 생각해 봅시다.

이 책은 그동안 출판된 책과는 성격이 다르게 다음과 같이 크게 세 부분으로 구성되어 있습니다.

첫째, 종말에 대한 설교의 중심 내용을 요약 정리하여 사용하기에 편리하도록 편집하였고,

둘째, 한국 교회 성장에 크게 기여했던 구역 모임이나 그룹 성경공부에서 적절하게 사용할 수 있도록 종말에 대한 성경공부 교재를 만들었으며,

셋째, 설교나 여러 모임에서 적절하게 활용하면 좋을 종말에 대한 예화를 수록하였습니다.

세상에서 주님을 간절히 증거할 진정한 그리스도인이 그 어느 때보다 필요한 오늘날입니다. 이 한 권의 책으로 변화된 성도들이 복음의 전달자로 바로 서며 한 번 더 뜨거운 부흥이 온 땅을 뒤덮게 되기를 소망합니다.

종말에 대한 명언들

● 우리는 지금 12시 5분 전에 살고 있다. – 빌리 그래함

● 현대는 위기의 시대이다. – 소로킨

● 예수님이 재림하시기 위하여 우주의 문고리를 잡고 계
  신다. – 루터

● 현대는 불안의 시대이다. – 오덴

● 재림에 대한 말이 성경에 30,400회나 기록되었는데, 신
  약에 400회 구약에 30,000회 기록되었다. – 우찌무라 간조

● 현대는 혼란의 시대이다. – 헉스텔

● 현대는 갈망의 시대이다. – 훼틀레

● 지금 세계는 불타고 있다. – 빌리 그래함

1

서론

인간은 그 누구도 미래의 일을 장담할 수 없다. 하지만 모든 그리스도인은 예수 그리스도의 다시 오심을 확실하게 믿고 있으며, 또한 그렇게 증거하고 있다. 왜냐면 그것은 성경에 분명히 기록되어 있기 때문이다. 예수 그리스도의 초림에 대한 성경의 예언이 성취되었듯이, 우리 주 예수 그리스도의 재림도 하나님의 때가 찬 시각에 반드시 이루어질 것이다.

1. 재림에 대한 예언

성경에는 주님의 재림에 대한 예언이 300회 이상 언급되어 있다. 이는 평균, 신약성경의 25구절마다 한 번씩 주님의 재림이 언급되어 있는 셈이다. 심지어 장 전체를 주님의 재림에 대해 할애한 경우도 있다(마태복음 24,25장 / 마가복음 13장 / 누가복음 21장/ 요한계시록).

2. 재림의 중요성

(1) 이는 교회의 소망이다.
예수 그리스도의 재림은 주님을 믿는 모든 교회와 주님을 사랑하는 모든 그리스도인의 소망이다. 성경은 이 세상의 변화가 그리스도인의 소망이 아니라 오직 주의 재림이 그리스도인의 소망이라고 강조하고 있다.

> "복스러운 소망과 우리의 크신 하나님 구주 예수 그리스도의 영광이 나타나심을 기다리게 하셨으니" – 디도서 2장 13절
> "오직 우리의 시민권은 하늘에 있는지라 거기로서 구원하는 자 곧 주 예수 그리스도를 기다리노니 그가 만물을 자기에게 복종케 하실 수 있는 자의 역사로 우리의 낮은 몸을 자기 영광의 몸의 형체와 같이 변케 하시리라" – 빌립보서 3장 20,21절

(2) 이는 모든 그리스도인에게 하나님을 섬기며 살도록 자극한다.

예수 그리스도의 재림은 주님을 믿는 모든 그리스도인에게 마치 달란트를 맡은 청지기처럼 주님이 오시는 그날까지 더욱 하나님을 섬기며 살도록 자극한다.

> "사랑하는 자들아 우리가 지금은 하나님의 자녀라 장래에 어떻게 될 것은 아직 나타나지 아니하였으나 그가 나타내심이 되면 우리가 그와 같을 줄을 아는 것은 그의 계신 그대로 볼 것을 인함이니 주를 향하여 이 소망을 가진 자마다 그의 깨끗하심과 같이 자기를 깨끗하게 하

느니라"- 요한1서 3장 2,3절

"이 모든 것이 이렇게 풀어지리니 너희가 어떠한 사람이 되어야 마땅하뇨 거룩한 행실과 경건함으로"- 베드로후서 3장 11절

"환난 받는 너희에게는 우리와 함께 안식으로 갚으시는 것이 하나님의 공의시니 주 예수께서 저의 능력의 천사들과 함께 하늘로부터 불꽃 중에 나타나실 때에 하나님을 모르는 자들과 우리 주 예수의 복음을 복종치 않는 자들에게 형벌을 주시리니 이런 자들이 주의 얼굴과 그의 힘의 영광을 떠나 영원한 멸망의 형벌을 받으리로다 그 날에 강림하사 그의 성도들에게서 영광을 얻으시고 모든 믿는 자에게서 기이히 여김을 얻으시리라(우리의 증거가 너희에게 믿어졌음이라)"- 데살로니가후서 1장 7-10절

(3) 이는 성도를 위로한다.

주님의 재림은 낙심과 슬픔 가운데 있는 모든 그리스도인을 위로하고 환난 가운데 있는 그리스도인에게 극복할 수 있는 힘을 제공한다.

"우리가 주의 말씀으로 너희에게 이것을 말하노니 주 강림하실 때까지 우리 살아 남아 있는 자도 자는 자보다 결단코 앞서지 못하리라 주께서 호령과 천사장의 소리와 하나님의 나팔로 친히 하늘로 좇아 강림하시리니 그

리스도 안에서 죽은 자들이 먼저 일어나고 그 후에 우리
살아 남은 자도 저희와 함께 구름 속으로 끌어 올려 공
중에서 주를 영접하게 하시리니 그리하여 우리가 항상
주와 함께 있으리라 그러므로 이 여러 말로 서로 위로하
라" – 데살로니가전서 4장 15~18절

3. 재림의 시기

예수 그리스도의 재림의 시기에 대해서는 아무도 정확하
게 이야기할 수 없다. 이는 오직 하늘에 계신 하나님만이 알
고 계신다고 성경에 기록되어 있다(행 1:6,7 / 막 13:32).

그러므로 재림의 시기를 정확하게 이야기하는 사람이나
그와 같은 가르침은 잘못된 것이다. 그뿐만 아니라 모든 그
리스도인은 주님의 재림의 시기를 정확히 알고자 하는 호기
심을 버려야 한다.

4. 재림의 방법

예수 그리스도의 재림의 방법이나 모습에 대하여 우리는

자세히 알 수 없다. 그러나 주님께서 승천하실 때 천사들이 말한 내용(행 1:11)과 사도 바울이 언급한 내용(살전 4:16)을 살펴보면, 주님께서는 모든 그리스도인이 주님을 알 수 있는 방법으로 친히 강림하신다는 사실을 알 수 있다. 다시 말해 주님은 우리(거듭난 모든 그리스도인)가 주님을 알아볼 수 있는 방법으로 다시 오신다. 주님의 공중 재림과 그때의 사건에 대해서는 바울의 예언을 통하여 알 수 있다.

> "주께서 호령과 천사장의 소리와 하나님의 나팔로 친히 하늘로 좇아 강림하시리니 그리스도 안에서 죽은 자들이 먼저 일어나고 그 후에 우리 살아 남은 자도 저희와 함께 구름 속으로 끌어 올려 공중에서 주를 영접하게 하시리니 그리하여 우리가 항상 주와 함께 있으리라 그러므로 이 여러 말로 서로 위로하라" – 데살로니가전서 4장 16-18절

5. 주님의 재림에 대한 잘못된 견해들

(1) 성령 강림설
오순절 성령의 강림이 바로 주님의 재림이라고 주장하는 견해이다.

(2) 영혼 회심설

주님을 믿고 거듭난 것이 바로 주님의 재림이라고 주장하는 견해이다.

(3) 예루살렘 파멸설

주후 70년에 있었던 예루살렘의 파멸이 바로 주님의 재림이라고 주장하는 견해이다.

이와 같은 견해는 모두 옳지 않은 견해이다.

6. 재림의 목적

(1) 죽은 성도들을 일으키고 살아있는 성도들을 변화시키시기 위하여

"주께서 호령과 천사장의 소리와 하나님의 나팔로 친히 하늘로 좇아 강림하시리니 그리스도 안에서 죽은 자들이 먼저 일어나고 그 후에 우리 살아 남은 자도 저희와 함께 구름 속으로 끌어 올려 공중에서 주를 영접하게 하시리니 그리하여 우리가 항상 주와 함께 있으리라" – 데살로니가전서 4장 16–17절

"사랑하는 자들아 우리가 지금은 하나님의 자녀라 장래에 어떻게 될 것은 아직 나타나지 아니하였으나 그가 나

타내심이 되면 우리가 그와 같을 줄을 아는 것은 그의 계신 그대로 볼 것을 인함이니"- 요한1서 3장 2절

(2) 성도의 봉사에 대해 보상하시기 위하여

"이 닦아 둔것 외에 능히 다른 터를 닦아 둘 자가 없으니 이 터는 곧 예수 그리스도라 만일 누구든지 금이나 은이나 보석이나 나무나 풀이나 짚으로 이 터 위에 세우면 각각 공력이 나타날 터인데 그 날이 공력을 밝히리니 이는 불로 나타내고 그 불이 각 사람의 공력이 어떠한 것을 시험할 것임이니라 만일 누구든지 그 위에 세운 공력이 그대로 있으면 상을 받고 누구든지 공력이 불타면 해를 받으리니 그러나 자기는 구원을 얻되 불 가운데서 얻은 것 같으리라"- 고린도전서 3장 11-15절

"그러므로 때가 이르기 전 곧 주께서 오시기까지 아무것도 판단치 말라 그가 어두움에 감추인 것들을 드러내고 마음의 뜻을 나타내시리니 그 때에 각 사람에게 하나님께로부터 칭찬이 있으리라"- 고린도전서 4장 5절

"그런즉 우리는 거하든지 떠나든지 주를 기쁘시게 하는 자 되기를 힘쓰노라 이는 우리가 다 반드시 그리스도의 심판대 앞에 드러나 각각 선악간에 그 몸으로 행한 것을 따라 받으려 함이라"- 고린도후서 5장 9-10절 참조

(3) 믿지 않는 사람들을 심판하시기 위하여

"또 내가 보니 죽은 자들이 무론 대소하고 그 보좌 앞에 섰는데 책들이 펴 있고 또 다른 책이 펴졌으니 곧 생명 책이라 죽은 자들이 자기 행위를 따라 책들에 기록된대로 심판을 받으니 바다가 그 가운데서 죽은 자들을 내어주고 또 사망과 음부도 그 가운데서 죽은 자들을 내어주매 각 사람이 자기의 행위대로 심판을 받고 사망과 음부도 불못에 던지우니 이것은 둘째 사망 곧 불못이라 누구든지 생명책에 기록되지 못한 자는 불못에 던지우더라"

– 요한계시록 20장 12–15절

(4) 이스라엘을 구원하시기 위하여

"내가 그 삼분지 일을 불 가운데 던져 은 같이 연단하며 금 같이 시험할 것이라 그들이 내 이름을 부르리니 내가 들을 것이며 나는 말하기를 이는 내 백성이라 할 것이요 그들은 말하기를 여호와는 내 하나님이시라 하리라"

– 스가랴 13장 9절

"여호와께로서 말씀이 예레미야에게 임하여 이르시니라 이스라엘의 하나님 여호와께서 이같이 일러 가라사대 내가 네게 이른 모든 말을 책에 기록하라 나 여호와가 말하노라 내가 내 백성 이스라엘과 유다의 포로를 돌이킬 때가 이르리니 내가 그들을 그 열조에게 준 땅으로 돌아오게 할 것이라 그들이 그것을 차지하리라 여호와의 말이니라 여호와께서 이스라엘과 유다에 대하여 하신 말씀이 이러하니라 여호와께서 이같이 말씀하시되 우리가 떨리는 소리를 들으니 두려움이요 평안함이 아니로다 너희는 자식을 해산하는 남자가 있는가 물어보라 남자마다 해산하는 여인 같이 손으로 각기 허리를 짚고 그 얼굴 빛이 창백하여 보임은 어찜이뇨 슬프다 그 날이여 비할데 없이 크니 이는 야곱의 환난의 때가 됨이로다마는 그가 이에서 구하여냄을 얻으리로다 만군의 여호와가 말하노라 그 날에 내가 네 목에서 그 멍에를 꺾어버리며 네 줄을 끊으리니 이방인이 다시는 너를 부리지 못할 것이며 너희는 너희 하나님 나 여호와를 섬기며 내가 너희를 위하여 일으킬 너희 왕 다윗을 섬기리라" – 예레미야 30장 1–9절

"형제들아 너희가 스스로 지혜 있다 함을 면키 위하여 이 비밀을 너희가 모르기를 내가 원치 아니하노니 이 비밀은 이방인의 충만한 수가 들어오기까지 이스라엘의 더러는 완악하게 된 것이라 그리하여 온 이스라엘이 구원을 얻으리라 기록된바 구원자가 시온에서 오사 야곱에게서 경건치 않은 것을 돌이키시겠고 내가 저희 죄를 없이 할 때에 저희에게 이루어질 내 언약이 이것이라 함과 같으니라" – 로마서 11장 25–27절 참조

(5) 사단을 결박하기 위하여

"또 내가 보매 그 짐승과 땅의 임금들과 그 군대들이 모

여 그 말 탄 자와 그의 군대로 더불어 전쟁을 일으키다
가 짐승이 잡히고 그 앞에서 이적을 행하던 거짓 선지자
도 함께 잡혔으니 이는 짐승의 표를 받고 그의 우상에게
경배하던 자들을 이적으로 미혹하던 자라 이 둘이 산채
로 유황불 붙는 못에 던지우고 그 나머지는 말 탄 자의
입으로 나오는 검에 죽으매 모든 새가 그 고기로 배불리
우더라"- 요한계시록 19장 19-21절

"또 내가 보매 천사가 무저갱 열쇠와 큰 쇠사슬을 그 손
에 가지고 하늘로서 내려와서 용을 잡으니 곧 옛 뱀이요
마귀요 사단이라 잡아 일천년 동안 결박하여 무저갱에
던져 잠그고 그 위에 인봉하여 천년이 차도록 다시는 만
국을 미혹하지 못하게 하였다가 그 후에는 반드시 잠간
놓이리라"- 요한계시록 20장 1-3절

(6) 모든 것을 통치하시기 위하여

"하늘에 있는 자들과 땅에 있는 자들과 땅 아래 있는 자
들로 모든 무릎을 예수의 이름에 꿇게 하시고 모든 입으
로 예수 그리스도를 주라 시인하여 하나님 아버지께 영
광을 돌리게 하셨느니라"- 빌립보서 2장 10,11절

이 땅에 사는 모든 그리스도인은 주님의 재림을 사모하며
주님이 오실 때 부끄럽지 않도록 최선을 다해 하나님을 섬기
며 살아야 한다.

2

종말에 대한 설교

1. 그리스도는 왜 다시 재림하셔야 하는가?

"형제들아 자는 자들에 관하여는 너희가 알지 못함을 우리가 원치 아니하노니 이는 소망 없는 다른이와 같이 슬퍼하지 않게 하려 함이라 우리가 예수의 죽었다가 다시 사심을 믿을찐대 이와 같이 예수 안에서 자는 자들도 하나님이 저와 함께 데리고 오시리라 우리가 주의 말씀으로 너희에게 이것을 말하노니 주 강림하실 때까지 우리 살아 남아 있는 자도 자는 자보다 결단코 앞서지 못하리라 주께서 호령과 천사장의 소리와 하나님의 나팔로 친히 하늘로 좇아 강림하시리니 그리스도 안에서 죽은 자들이 먼저 일어나고 그 후에 우리 살아 남은 자도 저희와 함께 구름 속으로 끌어 올려 공중에서 주를 영접하게 하시리니 그리하여 우리가 항상 주와 함께 있으리라 그러므로 이 여러 말로 서로 위로하라" – 데살로니가전서 4장 13-18절

서 론

프랑스 화학자 메세랑 베르테르는 다음과 같이 말했다.
"과학자들은 다음 1세기 내에 원자가 어떤 것인가를 밝혀 낼 것이며 인간은 원자를 알게 될 것이다. 과학이 그 단계에 이르면 하나님은 큰 열쇠고리를 들고 지상에 내려오셔서 다

음과 같이 말씀하실 것이다.

『인류 여러분, 역사의 막이 내릴 시간이 왔습니다.』"

T.S. 엘리어트는 그의 시에서 "세계는 이렇게 종말을 고한다. 폭음이 아닌 흐느낌으로"라고 말했다.

뉴욕 타임스는 우리 세대에서 가장 많이 팔리는 책 중에 절반 이상이 인류 최후의 날에 대한 책이라고 지적한 바 있다.

『대유성 지구의 종말』, 『전쟁과 원폭』, 『공포, 파멸, 그 다음에?』, 『세계여 안녕, 그 날이 오면』 등이 그러한 책들이다.

연합군이 노르망디를 공격한 날을 'D데이'라고 부르며, 일본이 미국에 항복한 날을 미국인들은 'V데이'라고 부른다. 성경의 기자들은 인류 역사에 하나의 결정적 날이 올 것을 알고 이를 가리켜 '그날'이라고 불렀다.

사도 바울은 "…나의 의뢰한 자를 내가 알고 또한 나의 의탁한 것을 그날까지 저가 능히 지키실 줄을 확신함이라"(딤후 1:12)라고 말하였고, "이제 후로는 나를 위하여 의의 면류관이 예비되었으므로 주 곧 의로우신 재판장이 그날에 내게 주실 것이니 내게만 아니라 주의 나타나심을 사모하는 모든 자에게니라"(딤후 4:8)라고 기록하였다.

또한 "환난 받는 너희에게는 우리와 함께 안식으로 갚으시는 것이 하나님의 공의시니 주 예수께서 저의 능력의 천사들과 함께 하늘로부터 불꽃 중에 나타나실 때에 하나님을 모르는 자들과 우리 주 예수의 복음을 복종치 않는 자들에게 형벌을 주시리니 이런 자들이 주의 얼굴과 그의 힘의 영광을 떠나 영원한 멸망의 형벌을 받으리로다 그 날에 강림하사 그의 성도들에게서 영광을 얻으시고 모든 믿는 자에게서 기이히 여김을 얻으시리라 (우리의 증거가 너희에게 믿어졌음이라)"(살후 1:7-10)라고 예수 그리스도의 재림의 날이 임박하였음을 경고하고 있다.

첫째, 그리스도의 재림의 중요성

(1) 성경에는 어떤 교리나 어떤 사건보다 주님의 재림이 강조되어 있다.

- 성경 전체를 통하여 평균 30구절마다 한 번씩 주님의 재림이 언급되어 있다.
- 그리스도의 초림보다 예수 그리스도의 재림이 8배나 더 많이 언급되어 있다.
- 신약성경에만 216장에 걸쳐 예수 그리스도의 재림이 318회 언급되어 있다.
- 데살로니가전·후서, 요한계시록, 마태복음 24,25장, 마가복음 13장, 누가복음 21장은 전체의 주제가 바로

예수 그리스도의 재림의 사건이다.

① 구약에 기록된 예언의 가장 커다란 주제가 바로 예수
   그리스도의 재림의 사건이다.
   "내가 또 밤 이상 중에 보았는데 인자 같은이가 하늘 구
   름을 타고 와서 옛적부터 항상 계신 자에게 나아와 그
   앞에 인도되매 그에게 권세와 영광과 나라를 주고 모든
   백성과 나라들과 각 방언하는 자로 그를 섬기게 하였으
   니 그 권세는 영원한 권세라 옮기지 아니할 것이요 그
   나라는 폐하지 아니할 것이니라"– 다니엘 7장 13, 14절
   "그 날에 그의 발이 예루살렘 앞 곧 동편 감람산에 서실
   것이요 감람산은 그 한가운데가 동서로 갈라져 매우 큰
   골짜기가 되어서 산 절반은 북으로, 절반은 남으로 옮기
   고"– 스가랴 14장 4절

   미국의 펜테코스트라는 신학자는 "얼마 전 큰 호텔 회사
에서 엔지니어와 지질학자를 보내어 유대 감람산상에 호텔
을 지을 수 있는 가능성을 조사하였는데 전문가들이 감람산
상은 지진의 기운이 있는 장소라고 하여 결국 감람산이 아닌
다른 장소를 택하여 호텔을 건립했다고 한다"라고 말했다.

   "그의 임하는 날을 누가 능히 당하며 그의 나타나는 때
   에 누가 능히 서리요…"– 말라기 3장 2절

그 밖에도 그리스도의 재림의 교훈은 구약성경에 무수히 예언되어 있다.

② 주님이 자신의 재림에 대하여 여러 번 교훈하셨다.
"너희는 마음에 근심하지 말라 하나님을 믿으니 또 나를 믿으라 내 아버지 집에 거할 곳이 많도다 그렇지 않으면 너희에게 일렀으리라 내가 너희를 위하여 처소를 예비하러 가노니 가서 너희를 위하여 처소를 예비하면 내가 다시 와서 너희를 내게로 영접하여 나 있는 곳에 너희도 있게 하리라"– 요한복음 14장 1–3절

③ 주의 재림은 그리스도가 승천하실 때 천사들에 의하여 제자들에게 약속된 마지막 예언이었다.
"가로되 갈릴리 사람들아 어찌하여 서서 하늘을 쳐다 보느냐 너희 가운데서 하늘로 올리우신 이 예수는 하늘로 가심을 본 그대로 오시리라 하였느니라"– 사도행전 1장 11절

(2) 주님의 재림은 그리스도인의 삶과 봉사를 격려하는 근본적 교훈이다.

고린도전서 15장에서 사도 바울은 주님의 재림을 예언한 후 "그러므로 내 사랑하는 형제들아 견고하며 흔들리지 말며 항상 주의 일에 더욱 힘쓰는 자들이 되라 이는 너희 수고가 주 안에서 헛되지 않은 줄을 앎이니라"(고전 15:58)라며 주님

을 위해 더욱 힘쓸 것을 권면하였다. 데살로니가전서에서도 바울은 주님의 재림을 예언한 후 "그러므로 이 여러 말로 서로 위로하라"(살전 4:18)라고 말하였다.

둘째, 사람들이 그리스도의 재림을 소홀히 여기는 이유

그리스도의 재림이 그렇게 중요함에도 불구하고 사람들이 주님의 재림에 대하여 별로 관심을 갖지 않는 이유는 무엇인가?

(1) 그들의 불신앙 때문에

"먼저 이것을 알찌니 말세에 기롱하는 자들이 와서 자기의 정욕을 좇아 행하며 기롱하여 가로되 주의 강림하신다는 약속이 어디 있느뇨 조상들이 잔 후로부터 만물이 처음 창조할 때와 같이 그냥 있다 하니" – 베드로후서 3장 3,4절

이와 같이 사람들이 하나님을 믿지 않는 그들의 불신앙 때문에 주님의 재림이 임박하였음에도 불구하고 재림에 대하여 소홀하게 생각하고 있다.

(2) 하나님의 자녀들(교회)의 영적 준비가 되어 있지 않기 때문에

"자녀들아 이제 그 안에 거하라 이는 주께서 나타내신
바 되면 그의 강림하실 때에 우리로 담대함을 얻어 그
앞에서 부끄럽지 않게 하려 함이라" – 요한1서 2장 28절

모든 하나님의 자녀들은 영적으로 깨어 항상 주님의 재림
을 대비해야 하는데, 하나님의 자녀임에도 불구하고 영적 준
비가 되어 있지 않아 주님의 재림을 소홀히 하고 있다.

(3) 이단자들이나 사이비 종교인들의 재림에 대한 오해 때문에

"그러나 그 날과 그 때는 아무도 모르나니 하늘에 있는
천사들도, 아들도 모르고 아버지만 아시느니라" – 마가복음
13장 32절

"그 때에 사람이 너희에게 말하되 보라 그리스도가 여기
있다 보라 저기 있다 하여도 믿지 말라" – 마가복음 13장 21절

오늘날 많은 이단들의 옳지 않은 재림에 대한 주장 때문에
모든 재림에 대한 교훈들을 옳지 않은 것으로 생각하는 사람
들이 많다. 하지만 "가짜가 많은 것은 진짜가 존재하기 때문
이다"라는 파스칼의 말처럼 우리는 진짜 주님의 재림에 대
한 준비가 있어야 한다.

(4) 성경에 대하여 무지하기 때문에

예수님은 어느 날 몸의 부활의 교리를 믿지 않고 부인하는

사두개인들에게 "…너희가 성경도 하나님의 능력도 알지 못하므로 오해함이 아니냐"(막 12:24)라고 책망하셨다.

사람들이 주님의 재림에 대하여 무관심한 이유는 그들이 성경을 잘 모르기 때문이다.

셋째, 그리스도의 재림에 대한 비성경적 곡해들

그리스도의 재림을 부인하는 옳지 않은 주장을 하는 사람들이 있다. 그들의 주장은 무엇이며, 그들의 주장이 틀린 이유를 살펴보자.

(1) 성도가 죽을 때 그리스도를 만나는 것이 예수님의 재림이라는 견해

어떤 사람은 성도가 죽어서 그리스도를 만나는 것이 예수님의 재림이지 그 외 예수님의 지상 재림은 없다고 주장한다. 그러나 우리가 살아 있을 때 주님의 재림을 맞이할 수도 있다.

(2) 성령의 강림이 예수님의 재림이라는 견해

어떤 사람은 오순절, 성령의 강림이 주님의 재림이라고 주장한다. 그러나 신약성경에 기록된 재림에 대한 많은 예언들이 성령 강림 이후에 약속된 것이다.

(3) 주후 70년에 있은 예루살렘의 멸망이 예수님의 재림 사건이라는 견해

어떤 사람은 주후 70년에 있은 예루살렘의 멸망이 곧 주님의 재림이라고 주장한다. 그러나 요한계시록은 예루살렘이 멸망한 지 2년 후에 기록되었다. 그럼에도 불구하고 요한계시록은 주님의 재림을 단적으로 증거하고 있다.

(4) 예수님을 영접하는 것이 곧 예수님의 재림이라는 견해

어떤 사람은 우리가 예수 그리스도를 마음속에 영접하는 것이 곧 예수님의 재림이라고 주장한다.

그러나 그리스도의 재림은 우리가 주님을 영접할 때 우리 마음속에 성령을 통하여 오시는 영적 임재와는 달리 육적으로 오시는 것이며, 이 역사와 공간 속에 우주적으로 이루어지는 사건이다.

사람들이 어떻게 이야기하든 그리스도의 재림은 성경에 약속된 분명한 사건이다.

넷째, 그리스도의 재림의 진정한 이유와 목적

(1) 그리스도 자신을 온 천하에 나타내 보이시기 위하여

주님은 주님 자신을 온 천하에 나타내 보이시기 위하여 재림하신다.

"볼찌어다 구름을 타고 오시리라 각인의 눈이 그를 보겠고 그를 찌른 자들도 볼터이요 땅에 있는 모든 족속이 그를 인하여 애곡하리니 그러하리라 아멘" – 요한계시록 1장 7절

(2) 그리스도의 재림에 대한 성경의 모든 예언의 성취를 위하여

"그러므로 모든 육체는 풀과 같고 그 모든 영광이 풀의 꽃과 같으니 풀은 마르고 꽃은 떨어지되 오직 주의 말씀은 세세토록 있도다 하였으니 너희에게 전한 복음이 곧 이 말씀이니라" – 베드로전서 1장 24,25절

(3) 참 성도를 구별하시기 위하여

"우리 생명이신 그리스도께서 나타나실 그 때에 너희도 그와 함께 영광 중에 나타나리라" – 골로새서 3장 4절

주님께서 재림하시는 그날, 추수의 날, 알곡과 가라지는 분명하게 구별될 것이다.

(4) 사단을 결박하기 위하여

사단은 이 세계와 민족과 개인을 파멸시키고 혼란시킨 장본인이다. 주님은 그 사단을 영원히 결박하기 위하여 재림하신다.

"또 내가 보매 천사가 무저갱 열쇠와 큰 쇠사슬을 그 손

에 가지고 하늘로서 내려와서 용을 잡으니 곧 옛 뱀이요 마귀요 사단이라 잡아 일천년 동안 결박하여"– 요한계시록 20장 1,2절

(5) 모든 민족(믿지 않는 이방인들)을 심판하기 위하여

주님은 모든 믿지 않는 사람을 심판하기 위하여 재림하신다.

"인자가 자기 영광으로 모든 천사와 함께 올때에 자기 영광의 보좌에 앉으리니"– 마태복음 25장 31절

(6) 만물의 회복을 위하여

인간이 범죄하여 벌을 받을 때 자연도 벌을 받아 파괴되었는데, 주님은 그것을 회복시키시기 위하여 재림하신다.

"피조물의 고대하는 바는 하나님의 아들들의 나타나는 것이니 피조물이 허무한데 굴복하는 것은 자기 뜻이 아니요 오직 굴복케 하시는 이로 말미암음이라 그 바라는 것은 피조물도 썩어짐의 종노릇 한데서 해방되어 하나님의 자녀들의 영광의 자유에 이르는 것이니라"– 로마서 8장 19–21절

(7) 메시아의 왕국을 세우기 위하여

주님은 이 땅에 주님의 왕국을 세우기 위하여 재림하신다.

"일곱째 천사가 나팔을 불매 하늘에 큰 음성들이 나서 가

로되 세상 나라가 우리 주와 그 그리스도의 나라가 되어 그가 세세토록 왕노릇 하시리로다 하니"– 요한계시록 11장 15절

(8) 성도의 수고를 보상해 주시기 위하여

주님은 그동안의 우리의 눈물을 씻어주실 것이며(계 21:4), 청지기 직분을 수행한 것에 대해 보상해 주실 것이며(고전 4:1-5), 우리의 전도에 대한 상급을 주실 것이며(단 12:3), 우리의 모든 선행을 잊지 않고 갚아 주실 것이며(갈 6:9), 우리가 주를 위해 참고 견딘 모든 고난과 인내를 위로하실 것이며(마 5:11,12), 우리의 모든 수고를 보상해 주실 것이다(마 25:34-40).

(9) 성도를 완전케 하시기 위하여

주님은 성도를 완전하게 변화시키기 위하여 재림하신다.
"사랑하는 자들아 우리가 지금은 하나님의 자녀라 장래에 어떻게 될 것은 아직 나타나지 아니하였으나 그가 나타내심이 되면 우리가 그와 같을 줄을 아는 것은 그의 계신 그대로 볼 것을 인함이니"– 요한1서 3장 2절

(10) 성도와 영원한 교제를 나누시기 위하여

주님은 성도와 영원한 교제를 나누시기 위하여 재림하신다.
"그 후에 우리 살아 남은 자도 저희와 함께 구름 속으로

끌어 올려 공중에서 주를 영접하게 하시리니 그리하여 우리가 항상 주와 함께 있으리라 그러므로 이 여러 말로 서로 위로하라" – 데살로니가전서 4장 17,18절

결론

우리가 마음속에 주님을 구주로 영접하고 하나님의 자녀가 된 것은 참으로 놀라운 하나님의 은혜요, 성도의 특권이 아닐 수 없다. 그러나 어찌 이 경험을 주님의 자비로운 음성과 영광스러운 몸을 직접 대하여 우리도 영화롭고 완전한 몸을 입어 주님과 온전한 교제를 나눌 수 있는 그날과 비교할 수가 있겠는가? 그날, 우리는 갈릴리의 바닷가를, 가버나움의 언덕을, 헬몬 산의 그 빼어난 암석들 사이에서 주님과 함께 거닐며 묻고 싶었던 우리의 모든 물음을 던지며 그분의 전능한 지혜 가운데 감춰져 있던 대답을 듣고 위대하신 하나님을 찬양하는, 진정 영원한 하늘의 축복으로 들어갈 것이다.

『영국의 어느 병실에서 아주 어려서부터 소경이었던 어느 소녀가 행여나 하는 한 줄기 가능성의 빛을 바라며 노련한 안과 전문의들에 의하여 수술을 받았다. 그러나 수술은 실패로 돌아가고, 이 소녀는 좌절에 빠졌다. 두 번씩이나 자살을 기도한 이 소녀에

게 의사들은 한 번 더 수술해 볼 것을 약속하였다. 그러나 이미 소녀는 모든 것을 포기하고 목숨을 던질 적당한 때와 장소를 찾고 있을 뿐이었다.

이때 어느 무명의 전도자가 병실에 들러 예수 그리스도의 구원의 복음과 하나님의 사랑을 이야기해 주었다. 처음으로 이 소녀는 그리스도를 마음속에 모시고 성경 말씀을 듣기 시작했다. 수 주일이 지난 후 의사들이 소녀에게 재수술할 것을 통보하자 소녀는 조용히 이렇게 말했다.

"이제 나는 수술이 필요 없어요. 예수께서 오시는 날, 나는 모든 것을 볼 수 있게 됩니다. 내가 처음으로 눈 뜨는 순간, 내가 처음으로 보는 사람이 예수님이기를 바랍니다. 그전에는 아직 아무것도 보고 싶지 않습니다."』

오직 그리스도의 재림만이 인간의 모든 문제를 참으로 안전하게 해결해 줄 수 있는 유일한 소망이다. 오늘 이 '복스러운 소망'인 재림의 말씀 선포 앞에 우리는 두 가지 종류의 사람 중에 어느 한 사람일 것이다.

요한계시록의 기자, 사랑받는 주의 제자였던 사도 요한처럼 "아멘, 주 예수여 오시옵소서"라든가 말세에 기롱하는 자들의 편에 서서 "주의 강림하신다는 약속이 어디 있느뇨?"라고 재림의 메시지를 비웃어 버리든가 해야 한다. 그러나 만약 우리가 이 재림의 경고를 거절한다면 주님의 재림의 날, 우리는 심판을 피할 수 없을 것도 각오해야 한다.

그러므로 우리 모두 지금 주님을 마음속에 모시고 장차 인류 역사의 완성을 위하여 친히 오실 그분을 대망하여, 요한처럼 기도하는 성도가 되자.

"아멘, 주 예수여 오시옵소서."

2. 마지막이 가까웠으니

"만물의 마지막이 가까웠으니 그러므로 너희는 정신을 차리고 근신하여 기도하라 무엇보다도 열심으로 서로 사랑할찌니 사랑은 허다한 죄를 덮느니라 서로 대접하기를 원망 없이하고 각각 은사를 받은 대로 하나님의 각양 은혜를 맡은 선한 청지기 같이 서로 봉사하라 만일 누가 말하려면 하나님의 말씀을 하는것 같이 하고 누가 봉사하려면 하나님의 공급하시는 힘으로 하는것 같이 하라 이는 범사에 예수 그리스도로 말미암아 하나님이 영광을 받으시게 하려 함이니 그에게 영광과 권능이 세세에 무궁토록 있느니라 아멘" – 베드로전서 4장 7–11절

서론

오늘의 세대를 가리켜 말세라고들 하는데 과연 우리는 말세에 살고 있는 것일까?

그렇지 않으면 그것은 사역자들이 습관적으로 말하는 것일 뿐인가?

만약 말세의 특징이 있다면 그것은 무엇인가? 한 마디로 사랑이 식는 것이 말세의 특징이다.

"불법이 성하므로 많은 사람의 사랑이 식어지리라" – 마태복음 24장 12절

사랑이 식어가고 있는 이때, 하나님에 대한 사랑이 식어가고 있지는 않는가?

부모에 대한 사랑이 식어가고 있지는 않는가?

스승에 대한 사랑이 식어가고 있지는 않는가?

부부의 사랑이 식어가고 있지는 않는가?

형제에 대한 사랑이 식어가고 있지는 않는가?

이웃에 대한 사랑이 식어가고 있지는 않는가?

살펴볼 필요가 있다.

『일본 명치 시대에 오카야마 고아원의 원장이며 착실한 크리스천인 이시이 쥬지 선생에게 하루는 소경이 찾아와서 이렇게 물었다.

"신앙생활을 하고 싶은데 하나님이 실아계신 것을 어떻게 알 수 있는지 가르쳐 주십시오."

그때 원장이 말하기를 "두 주간 동안 안마로 번 돈을 당신보다 더 불쌍한 사람에게 줘보십시오. 그러면 하나님이 계신 것을 알게 될 것입니다"라고 하였다. 이 말을 듣고 소경은 이해가 안 된다는 표정으로 돌아갔다. 두 주일 후에 그 소경이 다시 찾아와서 "선생님 말씀대로 해본즉 하나님이 계신 것을 잘 알게 되었습니다"라며 만족해했다.』

"내가 주릴 때에 너희가 먹을 것을 주었고 목마를 때에 마시게 하였고 나그네 되었을 때에 영접하였고 벗었을 때에 옷을 입혔고 병들었을 때에 돌아보았고 옥에 갇혔을 때에 와서 보았느니라 이에 의인들이 대답하여 가로되 주여 우리가 어느 때에 주의 주리신 것을 보고 공궤하였으며 목마르신 것을 보고 마시게 하였나이까 어느 때에 나그네 되신 것을 보고 영접하였으며 벗으신 것을 보고 옷 입혔나이까 어느 때에 병드신 것이나 옥에 갇히신 것을 보고 가서 뵈었나이까 하리니 임금이 대답하여 가라사대 내가 진실로 너희에게 이르노니 너희가 여기 내 형제 중에 지극히 작은 자 하나에게 한 것이 곧 내게 한 것이니라 하시고"– 마태복음 25장 35–40절

마지막 때를 맞이한 우리는 어떤 삶을 살아야 하는가?

베드로의 권면을 통하여 교훈을 얻고자 한다.

첫째, 기도하여야 한다.

"만물의 마지막이 가까왔으니 그러므로 너희는 정신을 차리고 근신하여 기도하라"– 베드로전서 4장 7절
기도처럼 어려운 일이 없다. 그런데 베드로는 어떻게 기도하라고 하였는가? 정신을 차리고 근신하여 기도하라고 권면하였다.

(1) 정신을 차리고 기도하여야 한다.

초대 교회의 인사는 "마라나타"였다. 이는 "주 예수여, 어서 오시옵소서"라는 뜻이다. 그들은 식사할 때도 "마라나타!" 일할 때도 "마라나타!" 인사할 때도 "마라나타!"라고 말하였다. 그만큼 그들은 주님을 기다리는 삶을 살았다. 주님은 "여호와께서는 자기에게 간구하는 모든 자 곧 진실하게 간구하는 모든 자에게 가까이 하시는도다"(시 145:18)라고 약속하셨다.

옛날 속담에도 "호랑이에게 물려가도 정신만 차리면 산다"라는 말이 있다.

이제 우리도 정신을 차리고 기도할 때가 되었다. 갈수록 부패되어 가는 우리 사회, 깨져가는 윤리 도덕, 이때에 우리는 눈물을 흘리며 기도하여야 한다. 다른 사람의 잘못을 바라보기 이전에 우리 자신을 살피며 기도하여야 한다.

"비판을 받지 아니하려거든 비판하지 말라 너희의 비판하는 그 비판으로 너희가 비판을 받을 것이요 너희의 헤아리는 그 헤아림으로 너희가 헤아림을 받을 것이니라 어찌하여 형제의 눈속에 있는 티는 보고 네 눈속에 있는 들보는 깨닫지 못하느냐 보라 네 눈속에 들보가 있는데 어찌하여 형제에게 말하기를 나로 네 눈속에 있는 티를 빼게 하라 하겠느냐 외식하는 자여 먼저 네 눈속에서 들보를 빼어라 그 후에야 밝히 보고 형제의 눈속에서 티를

빼리라" – 마태복음 7장 1–5절

● 옛날 야곱은 정신차리고 간절하게 기도하였다.

"사자들이 야곱에게 돌아와 가로되 우리가 주인의 형 에서에게 이른즉 그가 사백인을 거느리고 주인을 만나 려고 오더이다 야곱이 심히 두렵고 답답하여 자기와 함 께한 종자와 양과 소와 약대를 두 떼로 나누고 가로되 에서가 와서 한 떼를 치면 남은 한 떼는 피하리라 하고 야곱이 또 가로되 나의 조부 아브라함의 하나님, 나의 아버지 이삭의 하나님 여호와여 주께서 전에 내게 명하 시기를 네 고향, 네 족속에게로 돌아가라 내가 네게 은 혜를 베풀리라 하셨나이다 나는 주께서 주의 종에게 베 푸신 모든 은총과 모든 진리를 조금이라도 감당할 수 없 사오나 내가 내 지팡이만 가지고 이 요단을 건넜더니 지 금은 두 떼나 이루었나이다 내가 주께 간구하오니 내 형 의 손에서 에서의 손에서 나를 건져내시옵소서 내가 그 를 두려워하옴은 그가 와서 나와 내 처자들을 칠까 겁냄 이니이다" – 창세기 32장 6–11절

● 다니엘도 정신차리고 기도하여 계속해서 하나님의 쓰 임을 받았다.

"다니엘이 이 조서에 어인이 찍힌 것을 알고도 자기 집 에 돌아가서는 그 방의 예루살렘으로 향하여 열린 창에

서 전에 행하던대로 하루 세번씩 무릎을 꿇고 기도하며 그 하나님께 감사하였더라 그 무리들이 모여서 다니엘이 자기 하나님 앞에 기도하며 간구하는 것을 발견하고"

– 다니엘 6장 10,11절

"이튿날에 왕이 새벽에 일어나 급히 사자굴로 가서 다니엘의 든 굴에 가까이 이르러는 슬피 소리질러 다니엘에게 물어 가로되 사시는 하나님의 종 다니엘아 너의 항상 섬기는 네 하나님이 사자에게서 너를 구원하시기에 능하셨느냐 다니엘이 왕에게 고하되 왕이여 원컨대 왕은 만세수를 하옵소서 나의 하나님이 이미 그 천사를 보내어 사자들의 입을 봉하셨으므로 사자들이 나를 상해치 아니하였사오니 이는 나의 무죄함이 그 앞에 명백함이오며 또 왕이여 나는 왕의 앞에도 해를 끼치지 아니하였나이다 왕이 심히 기뻐서 명하여 다니엘을 굴에서 올리라 하매 그들이 다니엘을 굴에서 올린즉 그 몸이 조금도 상하지 아니하였으니 이는 그가 자기 하나님을 의뢰함이었더라"– 다니엘 6장 19–23절

『세계의 명화들 중 하나는 프랑스 화가 밀레가 그린 '만종'일 것이다. 70달러 치의 물감과 재료를 들여 그렸는데 어느 미국인이 12,500달러에 샀다. 후에 프랑스 사람들이 다시 본국으로 사오기 위해 15만 달러를 모아 사다가 루브르 박물관에 전시해 놓았다.

'만종'이란 그림은 젊은 부부가 하루 종일 땀흘려 일하고 멀리 예배당에서 종소리가 들려오자 괭이와 삽을 놓고 두 손을 모아 하나님께 기도드리는 모습을 그린 것이다. 하나님께 기도하는 모습처럼 귀한 것은 없다.』

(2) 근신하여 기도하여야 한다.

근신하여 기도하는 것은 "자기 생활을 돌보며 기도하는 것"을 의미한다.

용서해야 할 사람을 용서하지 않은 상태에서 기도하는 것은 별 효과가 없다.

교만한 상태에서 기도하는 것도 별 효과가 없다. 믿음이 없는 상태에서 기도하는 것도 효과가 없다.

우리는 항상 자신을 돌아보며 기도하여야 한다.

"근신하라 깨어라 너희 대적 마귀가 우는 사자 같이 두루 다니며 삼킬 자를 찾나니 너희는 믿음을 굳게 하여 저를 대적하라 이는 세상에 있는 너희 형제들도 동일한 고난을 당하는 줄을 앎이니라" – 베드로전서 5장 8,9절

근신하고 절제하는 생활을 하며 기도하여야 한다.

둘째, 서로 사랑하여야 한다.

"무엇보다도 열심으로 서로 사랑할찌니 사랑은 허다한

죄를 덮느니라"- 베드로전서 4장 8절

사랑은 허물을 덮어준다.
부부 간의 문제도 사랑하면 해결된다.
부자(父子) 간의 문제도 사랑하면 해결된다.
 사제 간의 문제도 사랑하면 해결된다.
정치의 문제도 사랑하면 해결된다.
교인의 문제도 사랑하면 해결된다.
친구의 문제도 사랑하면 해결된다.
국가의 문제도 사랑하면 해결된다.

"내가 사람의 방언과 천사의 말을 할찌라도 사랑이 없
으면 소리나는 구리와 울리는 꽹과리가 되고 내가 예언
하는 능이 있어 모든 비밀과 모든 지식을 알고 또 산을
옮길만한 모든 믿음이 있을찌라도 사랑이 없으면 내가
아무 것도 아니요 내가 내게 있는 모든 것으로 구제하고
또 내 몸을 불사르게 내어 줄찌라도 사랑이 없으면 내게
아무 유익이 없느니라 사랑은 오래 참고 사랑은 온유하
며 투기하는 자가 되지 아니하며 사랑은 자랑하지 아니
하며 교만하지 아니하며 무례히 행치 아니하며 자기의
유익을 구치 아니하며 성내지 아니하며 악한 것을 생각
지 아니하며 불의를 기뻐하지 아니하며 진리와 함께 기
뻐하고 모든 것을 참으며 모든 것을 믿으며 모든 것을

바라며 모든 것을 견디느니라"– 고린도전서 13장 1–7절

(1) 사랑이 없는 이유

① 사람들이 자기만 사랑하기 때문에

"사람들은 자기를 사랑하며 돈을 사랑하며 자긍하며 교만하며 훼방하며 부모를 거역하며 감사치 아니하며 거룩하지 아니하며 무정하며 원통함을 풀지 아니하며 참소하며 절제하지 못하며 사나우며 선한 것을 좋아 아니하며 배반하여 팔며 조급하며 자고하며 쾌락을 사랑하기를 하나님 사랑하는 것보다 더하며"– 디모데후서 3장 2–4절

② 사람들이 세상만 사랑하기 때문에

"이 세상이나 세상에 있는 것들을 사랑치 말라 누구든지 세상을 사랑하면 아버지의 사랑이 그 속에 있지 아니하니"– 요한1서 2장 15절

③ 사람들이 재물만 사랑하기 때문에

"한 사람이 두 주인을 섬기지 못할 것이니 혹 이를 미워하며 저를 사랑하거나 혹 이를 중히 여기며 저를 경히 여김이라 너희가 하나님과 재물을 겸하여 섬기지 못하느니라"– 마태복음 6장 24절

④ 사람들이 악을 행하므로

"불법이 성하므로 많은 사람의 사랑이 식어지리라" – 마태
복음 24장 12절

(2) 사랑이 제일 중요한 이유

"그런즉 믿음, 소망, 사랑, 이 세 가지는 항상 있을 것인
데 그 중에 제일은 사랑이라" – 고린도전서 13장 13절

① 하나님이 사랑이시므로 사랑이 제일 중요하다.
"하나님이 우리를 사랑하시는 사랑을 우리가 알고 믿었
노니 하나님은 사랑이시라 사랑 안에 거하는 자는 하나
님 안에 거하고 하나님도 그 안에 거하시느니라" – 요한1서
4장 16절

② 예수님의 새 계명이 사랑이므로 사랑이 제일 중요하다.
"새 계명을 너희에게 주노니 서로 사랑하라 내가 너희
를 사랑한것 같이 너희도 서로 사랑하라" – 요한복음 13장 34절

③ 사랑이 없으면 모든 삶이 의미가 없으므로 사랑이 제일
중요하다.
"내가 사람의 방언과 천사의 말을 할찌라도 사랑이 없
으면 소리나는 구리와 울리는 꽹과리가 되고 내가 예언
하는 능이 있어 모든 비밀과 모든 지식을 알고 또 산을
옮길만한 모든 믿음이 있을찌라도 사랑이 없으면 내가

아무 것도 아니요 내가 내게 있는 모든 것으로 구제하고
또 내 몸을 불사르게 내어 줄찌라도 사랑이 없으면 내게
아무 유익이 없느니라"– 고린도전서 13장 1–3절

④ 사랑은 영원하므로 사랑이 제일 중요하다.
"사랑은 언제까지든지 떨어지지 아니하나 예언도 폐하
고 방언도 그치고 지식도 폐하리라"– 고린도전서 13장 8절

셋째, 서로 대접하여야 한다.

"서로 대접하기를 원망 없이하고"– 베드로전서 4장 9절
"그러므로 무엇이든지 남에게 대접을 받고자 하는대로
너희도 남을 대접하라 이것이 율법이요 선지자니라"
– 마태복음 7장 12절
"성도들의 쓸 것을 공급하며 손 대접하기를 힘쓰라"
– 로마서 12장 13절
"그러므로 감독은 책망할 것이 없으며 한 아내의 남편
이 되며 절제하며 근신하며 아담하며 나그네를 대접하
며 가르치기를 잘하며"– 디모데전서 3장 2절
"오직 나그네를 대접하며 선을 좋아하며 근신하며 의로
우며 거룩하며 절제하며"– 디도서 1장 8절
"손님 대접하기를 잊지 말라 이로써 부지중에 천사들을

대접한 이들이 있었느니라" - 히브리서 13장 2절

● 아브라함은 하나님의 사자(使者)를 대접하여 아들을 얻고 하나님의 비밀을 알게 되었다.

"여호와께서 마므레 상수리 수풀 근처에서 아브라함에게 나타나시니라 오정 즈음에 그가 장막 문에 앉았다가 눈을 들어 본즉 사람 셋이 맞은편에 섰는지라 그가 그들을 보자 곧 장막 문에서 달려나가 영접하며 몸을 땅에 굽혀 가로되 내 주여 내가 주께 은혜를 입었사오면 원컨대 종을 떠나 지나가지 마옵시고 물을 조금 가져오게 하사 당신들의 발을 씻으시고 나무 아래서 쉬소서 내가 떡을 조금 가져오리니 당신들의 마음을 쾌활케 하신 후에 지나가소서 당신들이 종에게 오셨음이니이다 그들이 가로되 네 말대로 그리하라 아브라함이 급히 장막에 들어가 사라에게 이르러 이르되 속히 고운 가루 세 스아를 가져다가 반죽하여 떡을 만들라 하고 아브라함이 또 짐승 떼에 달려가서 기름지고 좋은 송아지를 취하여 하인에게 주니 그가 급히 요리한지라 아브라함이 뻐터와 우유와 하인이 요리한 송아지를 가져다가 그들의 앞에 진설하고 나무 아래 모셔 서매 그들이 먹으니라 그들이 아브라함에게 이르되 네 아내 사라가 어디 있느냐 대답하되 장막에 있나이다 그가 가라사대 기한이 이를 때에 내가 정녕 네게로 돌아오리니 네 아내 사라에게 아들이 있

으리라 하시니 사라가 그 뒤 장막 문에서 들었더라"-창세
기 18장 1-10절

● 리브가는 대접을 잘하여 결혼을 잘 하였다.
"내가 이 우물 곁에 섰다가 청년 여자가 물을 길러 오거
든 내가 그에게 청하기를 너는 물 항아리의 물을 내게
조금 마시우라 하여 그의 대답이 당신은 마시라 내가 또
당신의 약대를 위하여도 길으리라 하면 그 여자는 여호
와께서 나의 주인의 아들을 위하여 정하여 주신 자가 되
리이다 하며 내가 묵도하기를 마치지 못하여 리브가가
물 항아리를 어깨에 메고 나와서 우물로 내려와 긷기로
내가 그에게 이르기를 청컨대 내게 마시우라 한즉 그가
급히 물 항아리를 어깨에서 내리며 가로되 마시라 내가
당신의 약대에게도 마시우리라 하기로 내가 마시매 그
가 또 약대에게도 마시운지라 내가 그에게 묻기를 네가
뉘 딸이뇨 한즉 가로되 밀가가 나홀에게 낳은 브두엘의
딸이라 하기로 내가 고리를 그 코에 꿰고 손목고리를 그
손에 끼우고 나의 주인 아브라함의 하나님 여호와께서
나를 바른 길로 인도하사 나의 주인의 동생의 딸을 그
아들을 위하여 택하게 하셨으므로 내가 머리를 숙여 그
에게 경배하고 찬송하였나이다 이제 당신들이 인자와
진실로 나의 주인을 대접하려거든 내게 고하시고 그렇
지 않을찌라도 내게 고하여 나로 좌우간 행하게 하소서"

넷째, 서로 봉사하여야 한다.

"각각 은사를 받은대로 하나님의 각양 은혜를 맡은 선한 청지기 같이 서로 봉사하라" – 베드로전서 4장 10절

올림픽 때 자원 봉사한 사람은 그렇게 많은데, 오늘날 교회에는 왜 그렇게 봉사하는 사람이 없는지 모르겠다.

교회에서 봉사할 일을 찾아 보면 너무 많다.

● 성찬식의 준비

● 침례(세례)식 준비

● 교회 앞 교통정리

● 헌금 안내 위원

● 각 부서 교사

● 유아실의 자원봉사

● 도서실의 봉사

● 교회 청소

● 식사 준비

● 찬양대

교회 안에는 말 할 수 없이 많은 일들이 있다. 그런데 교인

들은 "시간이 없다, 실력이 없다, 믿음이 약하다"라는 이유로 봉사를 꺼린다. 그러나 하나님은 봉사하는 사람을 기억하여 항상 큰 복을 주신다.

"욥바에 다비다라 하는 여제자가 있으니 그 이름을 번역하면 도르가라 선행과 구제하는 일이 심히 많더니 그때에 병들어 죽으매 시체를 씻어 다락에 뉘우니라 룻다가 욥바에 가까운지라 제자들이 베드로가 거기 있음을 듣고 두 사람을 보내어 지체말고 오라고 간청하니 베드로가 일어나 저희와 함께 가서 이르매 저희가 데리고 다락에 올라가니 모든 과부가 베드로의 곁에 서서 울며 도르가가 저희와 함께 있을 때에 지은 속옷과 겉옷을 다 내어 보이거늘 베드로가 사람을 다 내어보내고 무릎을 꿇고 기도하고 돌이켜 시체를 향하여 가로되 다비다야 일어나라 하니 그가 눈을 떠 베드로를 보고 일어나 앉는지라 베드로가 손을 내밀어 일으키고 성도들과 과부들을 불러 들여 그의 산 것을 보이니 온 욥바 사람이 알고 많이 주를 믿더라" – 사도행전 9장 36-42절

『수년 전 서울 강남지구 아파트만 밀집되어 있는 지역에 작은 개척교회가 있었다. 개척의 어려움은 말할 것도 없었다. 그런데 그 교회에 임○○ 목사님이 성회를 인도하였다. 아파트촌에 교회 건물을 얻으려면 1억 5천만 원이 있어야 했다. 그래서 철야 기도회 때 "교회를 위해 보물을 바칠 성도가 없느냐?"라고 권면하며 교

회 구입을 위해 함께 기도하고 끝냈다. 그런데 새벽기도회 때 나와 보니 금 열쇠 4개가 강대상 위에 바쳐져 있었다. 누가 바친 것이냐고 물어도 알 길이 없고 무명으로 드려져 있는 것에 감동을 받고 교인들이 1억5천만 원이 넘게 헌금을 해 교회 건물을 구입했다고 한다.

오병이어의 기적은 지금도 일어나고 있다.』

우리의 봉사를 통하여 교회가 든든히 세워지며 하나님께서 영광을 받으신다.

결론

우리가 살고 있는 오늘의 세대가 말세임을 부정할 사람은 아무도 없다. 하지만 말세임을 느끼면서도 말세에 성도는 어떻게 살아야 하는지 아는 사람은 그리 많지 않다. 베드로는 말세를 살고 있는 모든 그리스도인에게 네 가지 당부를 하였다. 이는 우리가 오늘을 기억하며 살아야 할 삶의 푯대이다. 그것은 첫째, 정신을 차리고 근신하여 기도하는 것이며 둘째, 서로 사랑하며 사는 것이고 셋째, 서로 대접하며 넷째, 받은 은사대로 열심히 봉사하는 것이다. 우리가 그와 같은 삶을 살 때 부끄러움 없이 주님 앞에 설 수 있을 것이다.

3. 성도의 영광된 상속

"예수 그리스도의 사도 베드로는 본도, 갈라디아, 갑바도기아, 아시아와 비두니아에 흩어진 나그네 곧 하나님 아버지의 미리 아심을 따라 성령의 거룩하게 하심으로 순종함과 예수 그리스도의 피 뿌림을 얻기 위하여 택하심을 입은 자들에게 편지하노니 은혜와 평강이 너희에게 더욱 많을찌어다 찬송하리로다 우리 주 예수 그리스도의 아버지 하나님이 그 많으신 긍휼대로 예수 그리스도의 죽은 자 가운데서 부활하심으로 말미암아 우리를 거듭나게 하사 산 소망이 있게 하시며 썩지 않고 더럽지 않고 쇠하지 아니하는 기업을 잇게 하시나니 곧 너희를 위하여 하늘에 간직하신 것이라 너희가 말세에 나타내기로 예비하신 구원을 얻기 위하여 믿음으로 말미암아 하나님의 능력으로 보호하심을 입었나니 그러므로 너희가 이제 여러가지 시험을 인하여 잠간 근심하게 되지 않을 수 없었으나 오히려 크게 기뻐하도다 너희 믿음의 시련이 불로 연단하여도 없어질 금보다 더 귀하여 예수 그리스도의 나타나실 때에 칭찬과 영광과 존귀를 얻게 하려 함이라" – 베드로전서 1장 1–7절

서론

이 본문 말씀을 기록한 베드로는 열두 사도 중의 한 사람

이며, 예수님의 부르심을 입은 네 명의 어부 가운데 한 사람이다. 그는 예수님을 만나 예수님으로부터 시몬이라는 이름 대신 '반석'이라는 뜻의 『베드로』라는 이름을 받았다. 그는 결혼을 하여 부인이 있었으며, 야고보와 요한의 동업자이기도 하였다. 그는 주님을 세 번이나 부인한 적도 있었지만 결국 주님을 위하여 일생동안 복음을 전하다 로마에서 십자가에 거꾸로 달려 죽었다. 그가 들려주는 하나님의 위로의 말씀을 살펴보자.

첫째, 성도의 삶은 나그네의 삶과 같다.

본문에서 베드로는 모든 그리스도인을 '흩어진 나그네'라고 표현하였다. 히브리서 기자도 성도의 삶을 나그네의 삶이라고 표현하였다.

"이 사람들은 다 믿음을 따라 죽었으며 약속을 받지 못하였으되 그것들을 멀리서 보고 환영하며 또 땅에서는 외국인과 나그네로라 증거하였으니 이같이 말하는 자들은 본향 찾는 것을 나타냄이라 저희가 나온바 본향을 생각하였더면 돌아갈 기회가 있었으려니와 저희가 이제는 더 나은 본향을 사모하니 곧 하늘에 있는 것이라 그러므로 하나님이 저희 하나님이라 일컬음 받으심을 부끄러워 아니하시고 저희를 위하여 한 성을 예비하셨

느니라"- 히브리서 11장 13-16절

나그네에게는 모두 고향이 있다.

『 고향의 봄

　　나의 살던 고향은 꽃피는 산골
　　복숭아꽃 살구꽃 아기 진달래
　　울긋불긋 꽃대궐 차리인 동네
　　그 속에서 놀던 때가 그립습니다

　　꽃동네 새동네 나의 옛고향
　　파란들 남쪽에서 바람이 불면
　　냇가에 수양버들 춤추는 동네
　　그 속에서 놀던 때가 그립습니다』

　　나그네에게는 모두 고향이 있다. 하나님을 위해 나그네의
삶을 살았던 많은 믿음의 사람들이 그들의 고향을 떠났다.

　① 아브라함이 고향을 떠나 하나님을 섬겼다.
　　"여호와께서 아브람에게 이르시되 너는 너의 본토 친척
　　아비 집을 떠나 내가 네게 지시할 땅으로 가라 내가 너
　　로 큰 민족을 이루고 네게 복을 주어 네 이름을 창대케

하리니 너는 복의 근원이 될찌라 너를 축복하는 자에게
는 내가 복을 내리고 너를 저주하는 자에게는 내가 저주
하리니 땅의 모든 족속이 너를 인하여 복을 얻을 것이니
라 하신지라 이에 아브람이 여호와의 말씀을 좇아 갔고
롯도 그와 함께 갔으며 아브람이 하란을 떠날 때에 그
나이 칠십 오세였더라"— 창세기 12장 1~4절

② 요셉도 하나님의 뜻을 이루기 위해 고향을 떠났다.

"요셉이 눈을 들어 자기 어머니의 아들 자기 동생 베냐
민을 보고 가로되 너희가 내게 말하던 너희 작은 동생이
이냐 그가 또 가로되 소자여 하나님이 네게 은혜 베푸시
기를 원하노라 요셉이 아우를 인하여 마음이 타는듯 하
므로 급히 울곳을 찾아 안방으로 들어가서 울고 얼굴을
씻고 나와서 그 정을 억제하고 음식을 차리라 하매 그들
이 요셉에게 따로 하고 그 형제들에게 따로 하고 배식하
는 애굽 사람에게도 따로 하니 애굽 사람은 히브리 사람
과 같이 먹으면 부정을 입음이었더라 그들이 요셉의 앞
에 앉되 그 장유의 차서대로 앉히운바 되니 그들이 서로
이상히 여겼더라 요셉이 자기 식물로 그들에게 주되 베
냐민에게는 다른 사람보다 오배나 주매 그들이 마시며
요셉과 함께 즐거워하였더라"— 창세기 43장 29~34절

③ 우리도 이 세상에서 나그네와 같은 사람이다. 그러므로

이 세상에 너무 애착을 갖지 말아야 한다.

"그러므로 모든 육체는 풀과 같고 그 모든 영광이 풀의 꽃과 같으니 풀은 마르고 꽃은 떨어지되 오직 주의 말씀은 세세토록 있도다 하였으니 너희에게 전한 복음이 곧 이 말씀이니라" – 베드로전서 1장 24,25절

"이 세상도, 그 정욕도 지나가되 오직 하나님의 뜻을 행하는 이는 영원히 거하느니라" – 요한1서 2장 17절

우리는 또한 너무 인색하게 살아서도 안 된다.

"너희를 위하여 보물을 땅에 쌓아 두지 말라 거기는 좀과 동록이 해하며 도적이 구멍을 뚫고 도적질하느니라 오직 너희를 위하여 보물을 하늘에 쌓아 두라 거기는 좀이나 동록이 해하지 못하며 도적이 구멍을 뚫지도 못하고 도적질도 못하느니라" – 마태복음 6장 19,20절

우리는 우리의 본향 하늘나라를 사모하며 열심히 주님을 섬기는 삶을 살아야 한다.

『 괴로운 인생길 가는 몸이

괴로운 인생길 가는 몸이
평안히 쉬일 곳 아주 없네
걱정과 고생이 어디는 없으리

돌아갈 내 고향 하늘나라

광야에 찬바람 불더라도
앞으로 남은 길 멀지 않네
산너머 눈보라 재우쳐 불어도
돌아갈 내 고향 하늘나라

날 구원하신 주 모시옵고
영원한 영광을 누리리라
그리던 성도들 한 자리 만나리
돌아갈 내 고향 하늘나라』

둘째, 성도에게는 여러 가지 시험이 있다.

"그러므로 너희가 이제 여러가지 시험을 인하여 잠간 근심하게 되지 않을 수 없었으나 오히려 크게 기뻐하도다" – 베드로전서 1장 6절

사도 바울도 "무릇 그리스도 예수 안에서 경건하게 살고자 하는 자는 핍박을 받으리라"(딤후 3:12)라고 말했다.

(1) 가난의 시험

가난이 성도에게 시험이 될 수 있다. 오늘날 이 세상의 모든 것은 가난한 사람을 위한 것이 아니라 부유하고 잘 사는 사람들을 위한 것이다. 옷 가게도 헐벗은 사람을 위한 것이 아니며, 음식점도 배고픈 사람을 위한 것이 아니다. 또한 모든 것이 돈 많은 사람들을 위한 것이지 결코 가난한 사람들의 편리를 위해 있는 것이 아니다. 그래서 우리는 돈 걱정 없이 살면 죽어도 소원이 없겠다는 생각을 하게 된다.

그런데 하나님은 십일조를 하는 사람에게 큰 복을 약속하셨다.

"만군의 여호와가 이르노라 너희의 온전한 십일조를 창고에 들여 나의 집에 양식이 있게 하고 그것으로 나를 시험하여 내가 하늘 문을 열고 너희에게 복을 쌓을 곳이 없도록 붓지 아니하나 보라 만군의 여호와가 이르노라 내가 너희를 위하여 황충을 금하여 너희 토지 소산을 멸하지 않게 하며 너희 밭에 포도나무의 과실로 기한 전에 떨어지지 않게 하리니 너희 땅이 아름다와지므로 열방이 너희를 복되다 하리라 만군의 여호와의 말이니라 여호와가 이르노라 너희가 완악한 말로 나를 대적하고도 이르기를 우리가 무슨 말로 주를 대적하였나이까 하는 도다" – 말라기 3장 10-13절

또한 자원하는 마음으로 풍성하게 헌금하는 사람에게 하나님은 축복을 약속하셨다.

"이것이 곧 적게 심는 자는 적게 거두고 많이 심는 자는 많이 거둔다 하는 말이로다 각각 그 마음에 정한대로 할 것이요 인색함으로나 억지로 하지 말찌니 하나님은 즐겨 내는 자를 사랑하시느니라 하나님이 능히 모든 은혜를 너희에게 넘치게 하시나니 이는 너희로 모든 일에 항상 모든 것이 넉넉하여 모든 착한 일을 넘치게 하게 하려 하심이라 기록한바 저가 흩어 가난한 자들에게 주었으니 그의 의가 영원토록 있느니라 함과 같으니라 심는 자에게 씨와 먹을 양식을 주시는 이가 너희 심을 것을 주사 풍성하게 하시고 너희 의의 열매를 더하게 하시리니 너희가 모든 일에 부요하여 너그럽게 연보를 함은 저희로 우리로 말미암아 하나님께 감사하게 하는 것이라"

– 고린도후서 9장 6–11절

(2) 신앙의 시험

신앙의 문제로 시험받는 사람들도 많이 있다. 남편이 교회를 못 나가게 한다든지, 사업이 잘 되지 않아 교회를 안 나오는 사람들이 있다. 모두 주님에 대한 사랑이 적기 때문이다.

"예수께서 가라사대 네 마음을 다하고 목숨을 다하고 뜻을 다하여 주 너의 하나님을 사랑하라 하셨으니 이것이 크고 첫째 되는 계명이요 둘째는 그와 같으니 네 이

웃을 네 몸과 같이 사랑하라 하셨으니 이 두 계명이 온 율법과 선지자의 강령이니라"- 마태복음 22장 37-40절

(3) 물질의 시험

오늘날 물질 때문에 시험받는 성도가 너무 많다. 우리는 물질을 주님을 위하여 사용해야지 물질에 얽매여서는 안 된다.

"이에 예수께서 제자들에게 이르시되 아무든지 나를 따라 오려거든 자기를 부인하고 자기 십자가를 지고 나를 좇을 것이니라"- 마태복음 16장 24절

"한 사람이 두 주인을 섬기지 못할 것이니 혹 이를 미워하며 저를 사랑하거나 혹 이를 중히 여기며 저를 경히 여김이라 너희가 하나님과 재물을 겸하여 섬기지 못하느니라"- 마태복음 6장 24절

"많은 재물보다 명예를 택할 것이요 은이나 금보다 은총을 더욱 택할 것이니라"- 잠언 22장 1절

셋째, 성도에게는 영광이 보장되어 있다.

"예수 그리스도의 나타나실 때에 칭찬과 영광과 존귀를 얻게 하려 함이라"- 베드로전서 1장 7절

주님을 위해 수고한 성도에게 하나님은 영광으로 보상하

여 주신다.

『고생과 수고가 다 지난 후

고생과 수고가 다 지난 후 광명한 천국에 편히 쉴 때
주님을 모시고 나 살리니 영원히 빛나는 영광일세
영광일세 영광일세 내가 누릴 영광일세
은혜로 주 얼굴 뵈옵나니 지극한 영광 내 영광일세

주님의 한없는 은혜로써 예비한 그 집에 나 이르러
거기서 주님을 뵈옵는 것 영원히 빛나는 영광일세
영광일세 영광일세 내가 누릴 영광일세
은혜로 주 얼굴 뵈옵나니 지극한 영광 내 영광일세』

(1) 주님은 우리에게 썩지 않는 면류관을 주신다.

"이기기를 다투는 자마다 모든 일에 절제하나니 저희는 썩을 면류관을 얻고자 하되 우리는 썩지 아니할 것을 얻고자 하노라" – 고린도전서 9장 25절

(2) 주님은 우리에게 즐거움의 면류관을 주신다.

"그러므로 나의 사랑하고 사모하는 형제들, 나의 기쁨이요 면류관인 사랑하는 자들아 이와 같이 주 안에 서라" – 빌립보서 4장 1절

"우리의 소망이나 기쁨이나 자랑의 면류관이 무엇이냐 그의 강림하실 때 우리 주 예수 앞에 너희가 아니냐"

– 데살로니가전서 2장 19절

(3) 주님은 우리에게 의의 면류관을 주신다.

"이제 후로는 나를 위하여 의의 면류관이 예비되었으므로 주 곧 의로우신 재판장이 그 날에 내게 주실 것이니 내게만 아니라 주의 나타나심을 사모하는 모든 자에게니라" – 디모데후서 4장 8절

(4) 주님은 우리에게 영광의 면류관을 주신다.

"오직 우리가 천사들보다 잠간 동안 못하게 하심을 입은 자 곧 죽음의 고난 받으심을 인하여 영광과 존귀로 관 쓰신 예수를 보니 이를 행하심은 하나님의 은혜로 말미암아 모든 사람을 위하여 죽음을 맛보려 하심이라"

– 히브리서 2장 9절

"그리하면 목자장이 나타나실 때에 시들지 아니하는 영광의 면류관을 얻으리라" – 베드로전서 5장 4절

(5) 주님은 우리에게 생명의 면류관을 주신다.

"시험을 참는 자는 복이 있도다 이것에 옳다 인정하심을 받은 후에 주께서 자기를 사랑하는 자들에게 약속하신 생명의 면류관을 얻을 것임이니라" – 야고보서 1장 12절

"네가 장차 받을 고난을 두려워 말라 볼찌어다 마귀가 장차 너희 가운데서 몇 사람을 옥에 던져 시험을 받게 하리니 너희가 십일 동안 환난을 받으리라 네가 죽도록 충성하라 그리하면 내가 생명의 면류관을 네게 주리라"
– 요한계시록 2장 10절

(6) 주님은 우리에게 금 면류관을 주신다.

"또 내가 보니 흰구름이 있고 구름 위에 사람의 아들과 같은 이가 앉았는데 그 머리에는 금 면류관이 있고 그 손에는 이한 낫을 가졌더라" – 요한계시록 14장 14절

결론

이 세상을 사는 성도는 마치 고향을 떠난 나그네와 같다. 그래서 외로울 때도 있고 여러 가지 시험을 당할 때도 있다. 가난의 시험, 신앙의 시험, 물질의 시험 등 여러 가지 시험이 있지만, 그것을 믿음으로 극복하면 하나님은 우리에게 영광스러운 축복을 주신다. 썩지 않는 면류관, 즐거움의 면류관, 의의 면류관, 영광의 면류관, 생명의 면류관, 금 면류관…. 이 모든 것이 주께서 우리에게 기업으로 약속하신 것들이다. 우리는 우리에게 약속된 영광스러운 상속을 바라보며 굳건한 믿음의 삶을 살아야 한다.

4. 지옥은 정말 있는가?

"또 내가 크고 흰 보좌와 그 위에 앉으신 자를 보니 땅과 하늘이 그 앞에서 피하여 간데 없더라 또 내가 보니 죽은 자들이 무론 대소하고 그 보좌 앞에 섰는데 책들이 펴 있고 또 다른 책이 펴졌으니 곧 생명책이라 죽은 자들이 자기 행위를 따라 책들에 기록된대로 심판을 받으니 바다가 그 가운데서 죽은 자들을 내어주고 또 사망과 음부도 그 가운데서 죽은 자들을 내어주매 각 사람이 자기의 행위대로 심판을 받고 사망과 음부도 불못에 던지우니 이것은 둘째 사망 곧 불못이라 누구든지 생명책에 기록되지 못한 자는 불못에 던지우더라" – 요한계시록 20장 11~15절

서론

지옥은 정말 있는 것일까?

『프랑스 사관학교에서 군목이 영원한 형벌에 대해서 설교를 하였다. 설교가 끝나자 불신자인 생도가 빈정대듯 미소를 지으면서 "군목님, 한 가지 잊으신 것 같습니다. 지옥에서 우리는 불고기가 됩니까? 그렇지 않으면 고깃국이 됩니까?"라고 물었다.
군목은 침착하면서도 엄숙하게 말했다.

"생도여, 그런 말을 할 필요는 없습니다. 당신이 거기서 직접 체험할 테니까요."

생도는 그 말에 충격을 받고 자신의 생활을 개선하기로 결심했다.』

첫째, 지옥에 대한 잘못된 견해

지옥의 존재를 믿지 않는 사람들은 자기들의 주장을 고집하기 위하여 여러 가지 옳지 않은 견해를 강조한다.

(1) 보편 구원설

이는 하나님은 은혜와 사랑과 자비의 하나님이시기 때문에 모든 사람이 구원을 받는다고 하여 지옥의 존재를 부인한다.

하지만 하나님은 사랑의 하나님이실 뿐만 아니라 동시에 공의의 하나님이시다. 그러므로 하나님은 죄를 용납하지 않으시며 반드시 처벌하신다. 지옥은 용서를 구하지 않는 불의한 사람을 위하여 마련된 심판의 장소이다.

(2) 회복설

이는 하나님이 사랑의 하나님이시기 때문에 인간에게 영원한 형벌을 주시지 않고, 결국 언젠가는 다시 회복시켜 천국으로 이끌어주신다는 견해이다.

그러나 하나님의 용서는 때가 있다. 하나님께서 은혜로 용
서의 기간을 베푸셨을 때 용서받지 못한 사람은 영원히 용서
받을 수 없다. 지옥은 영원히 지옥이다.

(3) 현재설

이는 지옥이 현재 이 세상에서 체험하는 것이지 내세에 있
는 것이 아니라는 견해이다. 그들은 모든 것이 이생에서 끝
난다고 주장한다.

내세를 부인하는 사람에게는 아무 할 말이 없다. 내세, 즉
천국과 지옥은 반드시 있기 때문이다. 주님의 말씀은 그 사
실을 분명히 밝혀 주고 있다.

"하나님을 모르는 자들과 우리 주 예수의 복음을 복종
치 않는 자들에게 형벌을 주시리니 이런 자들이 주의 얼
굴과 그의 힘의 영광을 떠나 영원한 멸망의 형벌을 받으
리로다" – 데살로니가후서 1장 8,9절

"누구든지 생명책에 기록되지 못한 자는 불못에 던지우
더라" – 요한계시록 20장 15절

"또 왼편에 있는 자들에게 이르시되 저주를 받은 자들
아 나를 떠나 마귀와 그 사자들을 위하여 예비된 영영한
불에 들어가라" – 마태복음 25장 41절

"저희는 영벌에, 의인들은 영생에 들어가리라 하시니
라" – 마태복음 25장 46절

"만일 네 손이 너를 범죄케 하거든 찍어버리라 불구자로 영생에 들어가는 것이 두 손을 가지고 지옥 꺼지지 않는 불에 들어가는 것보다 나으니라 만일 네 발이 너를 범죄케 하거든 찍어 버리라 절뚝발이로 영생에 들어가는 것이 두 발을 가지고 지옥에 던지우는 것보다 나으니라 만일 네 눈이 너를 범죄케 하거든 빼어버리라 한 눈으로 하나님의 나라에 들어가는 것이 두 눈을 가지고 지옥에 던지우는 것보다 나으니라 거기는 구더기도 죽지 않고 불도 꺼지지 아니하느니라" – 마가복음 9장 43-48절

칸트는 "천국의 가치를 알려면 15분 정도 지옥에 있어 보는 것이 좋다"라고 말했다.

『천국과 지옥을 비교해 보면…
천국에는 행복과 만족에 찬 사람들뿐이고
지옥에는 불행과 고통과 슬픔에 찬 사람들뿐이다.
천국에는 죄 없는 사람들뿐이고
지옥에는 죄 있는 사람들뿐이다.
천국에는 공평과 평화에 찬 사람들뿐이고
지옥에는 불의와 더러운 사람들뿐이다.
천국은 하나님의 백성을 위해 준비된 곳이고
지옥은 마귀와 그 일당들을 위해 준비된 곳이다.
천국은 광명한 곳이고 지옥은 어두운 흑암의 곳이다.

천국은 아름다운 음악이 있는 곳이고

지옥은 악마의 울음 소리만 있는 곳이다. 』

둘째, 지옥은 구체적인 장소이다.

지옥은 관념이나 상상이 아닌 구체적인 장소이다.

"짐승이 잡히고 그 앞에서 이적을 행하던 거짓 선지자
도 함께 잡혔으니 이는 짐승의 표를 받고 그의 우상에게
경배하던 자들을 이적으로 미혹하던 자라 이 둘이 산채
로 유황불 붙는 못에 던지우고"– 요한계시록 19장 20절

"또 저희를 미혹하는 마귀가 불과 유황 못에 던지우니
거기는 그 짐승과 거짓 선지자도 있어 세세토록 밤낮 괴
로움을 받으리라"– 요한계시록 20장 10절

(1) 지옥은 마귀와 그 일당을 위해 준비된 곳이다.

"또 왼편에 있는 자들에게 이르시되 저주를 받은 자들
아 나를 떠나 마귀와 그 사자들을 위하여 예비된 영영한
불에 들어가라"– 마태복음 25장 41절

(2) 지옥은 영원히 지속되는 장소이다.

"저희는 영벌에, 의인들은 영생에 들어가리라 하시니
라"– 마태복음 25장 46절

"시온의 죄인들이 두려워하며 경건치 아니한 자들이 떨며 이르기를 우리 중에 누가 삼키는 불과 함께 거하겠으며 우리 중에 누가 영영히 타는 것과 함께 거하리요 하도다" – 이사야 33장 14절

(3) 지옥은 고통받는 장소이다.

"그러나 두려워하는 자들과 믿지 아니하는 자들과 흉악한 자들과 살인자들과 행음자들과 술객들과 우상 숭배자들과 모든 거짓말 하는 자들은 불과 유황으로 타는 못에 참예하리니 이것이 둘째 사망이라" – 요한계시록 21장 8절

(4) 지옥은 유황과 불의 장소이다.

"또 다른 천사 곧 세째가 그 뒤를 따라 큰 음성으로 가로되 만일 누구든지 짐승과 그의 우상에게 경배하고 이마에나 손에 표를 받으면 그도 하나님의 진노의 포도주를 마시리니 그 진노의 잔에 섞인 것이 없이 부은 포도주라 거룩한 천사들 앞과 어린 양 앞에서 불과 유황으로 고난을 받으리니" – 요한계시록 14장 9,10절

셋째, 지옥에 가게 되는 자들

(1) 마귀와 그 일당이 지옥에 간다.

"짐승이 잡히고 그 앞에서 이적을 행하던 거짓 선지자도 함께 잡혔으니 이는 짐승의 표를 받고 그의 우상에게 경배하던 자들을 이적으로 미혹하던 자라 이 둘이 산채로 유황불 붙는 못에 던지우고" – 요한계시록 19장 20절

"또 저희를 미혹하는 마귀가 불과 유황 못에 던지우니 거기는 그 짐승과 거짓 선지자도 있어 세세토록 밤낮 괴로움을 받으리라" – 요한계시록 20장 10절

(2) 타락한 천사가 지옥에 간다.

"하나님이 범죄한 천사들을 용서치 아니하시고 지옥에 던져 어두운 구덩이에 두어 심판때까지 지키게 하셨으며" – 베드로후서 2장 4절

"또 자기 지위를 지키지 아니하고 자기 처소를 떠난 천사들을 큰 날의 심판까지 영원한 결박으로 흑암에 가두셨으며" – 유다서 1장 6절

(3) 악한 사람이 지옥에 간다.

"악인이 음부로 돌아감이여 하나님을 잊어버린 모든 열방이 그리 하리로다" – 시편 9편 17절

(4) 생명책에 이름이 없는 사람이 지옥에 간다.

"누구든지 생명책에 기록되지 못한 자는 불못에 던지우더라" – 요한계시록 20장 15절

(5) 하나님의 뜻을 어기는 사람이 지옥에 간다.

"나더러 주여 주여 하는 자마다 천국에 다 들어갈 것이 아니요 다만 하늘에 계신 내 아버지의 뜻대로 행하는 자라야 들어가리라" – 마태복음 7장 21절

넷째, 구원을 받아야만 지옥을 면하게 된다.

"그러면 이제 우리가 그 피를 인하여 의롭다 하심을 얻었은즉 더욱 그로 말미암아 진노하심에서 구원을 얻을 것이니" – 로마서 5장 9절

구원은 하나님의 은혜로 주어지는 것이다.

"너희가 그 은혜를 인하여 믿음으로 말미암아 구원을 얻었나니 이것이 너희에게서 난 것이 아니요 하나님의 선물이라 행위에서 난 것이 아니니 이는 누구든지 자랑치 못하게 함이니라" – 에베소서 2장 8,9절

우리는 하나님의 그 은혜를 믿음으로 구원을 받는다.

"영접하는 자 곧 그 이름을 믿는 자들에게는 하나님의 자녀가 되는 권세를 주셨으니" – 요한복음 1장 12절

"믿음이 없이는 기쁘시게 못하나니 하나님께 나아가는 자는 반드시 그가 계신 것과 또한 그가 자기를 찾는 자들

에게 상 주시는 이심을 믿어야 할찌니라"- 히브리서 11장 6절

우리는 예수 그리스도를 영접하고 하늘의 시민권을 얻어야만 지옥을 면할 수 있게 된다.

『인도 청년이 영국 런던에 있는 버킹엄 궁전을 찾아갔다. 그의 평생 소원은 궁안에 들어가 여왕을 알현하는 것이었다. 그래서 수위에게 "나는 인도 출신 '알리'라는 사람인데 영국 여왕을 알현하기 원합니다"라고 말했다. 그러나 한 마디로 거절당했다. 그는 "내 이름이 영국인 이름이 아니어서 거절당했나 보다"라고 생각해 이름을 빌립이라고 바꾸고 다시 간청했지만 거절당했다. 그는 "내 말이 영어 표준어 발음이 아니라서 그런가 보다"라고 생각해 열심히 영어 공부를 해 사투리를 고쳤다. 그래도 거절당했다. 그는 "옷이 달라 그런가 보다"라고 생각해 영국제 신사복을 맞춰 입었다. 그리고 입궁하려고 했다. 그때 수위는 그를 들여보내주었다. 그러나 몇 걸음 가지 못했을 때 수위는 그를 다시 오라고 하더니 신원 중명서를 보자고 했다. 알리의 신원 증명서를 본 수위는 그가 영국 시민이 아니어서 아무래도 여왕을 알현시킬 수 없다고 말했다.』

"오직 우리의 시민권은 하늘에 있는지라 거기로서 구원하는 자 곧 주 예수 그리스도를 기다리노니 그가 만물을 자기에게 복종케 하실 수 있는 자의 역사로 우리의 낮은

몸을 자기 영광의 몸의 형체와 같이 변케 하시리라" - 빌립보서 3장 20,21절

결론

오늘날 이 세상 사람들은 과학 문명의 발달 때문에 지옥의 존재를 믿으려 하지 않는다. 그들은 지옥이 하나의 관념이나 상상의 산물이라고 생각한다. 하지만 지옥은 성경에 예언된 분명한 장소이다. 하나님을 대적한 사단이나 하나님을 믿지 않는 불신자는 어쩔 수 없이 지옥에 가게 된다.

지옥은 불과 유황이 끊이지 않는 영원한 형벌의 장소이다. 우리가 지옥을 면할 수 있는 유일한 길은 예수 그리스도를 믿고 구원을 받아 하늘의 시민권을 얻는 것이다.

5. 재림을 앞둔 성도들의 삶

"그러므로 너희가 그리스도와 함께 다시 살리심을 받았으면 위엣 것을 찾으라 거기는 그리스도께서 하나님 우편에 앉아 계시느니라 위엣 것을 생각하고 땅엣 것을 생각지 말라 이는 너희가 죽었고 너희 생명이 그리스도와 함께 하나님 안에 감추었음이니라 우리 생명이신 그리스도께서 나타나실 그 때에 너희도 그와 함께 영광 중에 나타나리라 그러므로 땅에 있는 지체를 죽이라 곧 음란과 부정과 사욕과 악한 정욕과 탐심이니 탐심은 우상 숭배니라 이것들을 인하여 하나님의 진노가 임하느니라 너희도 전에 그 가운데 살 때에는 그 가운데서 행하였으나 이제는 너희가 이 모든 것을 벗어버리라 곧 분과 악의와 훼방과 너희 입의 부끄러운 말이라 너희가 서로 거짓말을 말라 옛 사람과 그 행위를 벗어버리고 새 사람을 입었으니 이는 자기를 창조하신 자의 형상을 좇아 지식에까지 새롭게 하심을 받는 자니라 거기는 헬라인과 유대인이나 할례당과 무할례당이나 야인이나 스구디아인이나 종이나 자유인이 분별이 있을 수 없나니 오직 그리스도는 만유시요 만유 안에 계시니라" – 골로새서 3장 1–11절

서론

이 세상을 사는 기준이라면 아마 두 가지가 있을 것이다.

하나는 세상의 기준, 즉 육신을 위해 사는 것이며, 또 다른 하나는 하늘나라의 기준, 즉 영혼을 위한 영적 삶의 기준일 것이다. 주의 재림을 앞둔 우리는 당연히 하늘나라의 기준에 따라 살아야 한다.

『영국의 요한 웨슬레는 인구 1,000명밖에 안 되는 조그마한 시골 동네 출신이다. 19명의 형제 중 15번째로 태어난 그는 천연두로 얼굴은 곰보요, 폐결핵에 걸려 몸이 매우 허약했다. 그러나 그가 영국뿐 아니라 전 세계를 복음화하는 영적 지도자가 된 것은 그의 삶의 기준이 땅에 있지 않고 하늘에 있었기 때문이었다. 덴마크의 그룬트비 목사는 자기 민족에게 하나님 사랑, 동포 사랑, 조국 사랑을 외쳐 폐허가 된 덴마크를 지상 낙원으로 만들었다. 이것 또한 그의 삶의 기준이 땅에 있지 않고 하늘에 있었기 때문이다.

무디는 1주일에 16불 밖에 받지 못하는 구두 직공이었는데 예수를 소개받은 다음에 삶의 목표를 땅에 두지 않고 하늘에 두었기 때문에 1억이 넘는 사람들에게 전도하고 기독교 역사상 최고의 전도자가 되었다.』

우리는 이 땅에 속해 썩어 없어질 재물이나, 잠깐 있다가 없어질 권력이나, 이 땅의 부귀영화에 자신을 잃어버리는 삶을 살 것이 아니라 쇠하지 않고 변하지도 않고 없어지지도 아니하는 영원한 하늘 나라, 즉 위의 것을 찾아 생활해야 한다.

주의 재림을 앞둔 그리스도인은 지키며 살아야 할 것과 싸우며 살아야 할 두 가지가 있다.

첫째, 지키며 살아야 할 것

(1) 우리는 마음을 지키며 살아야 한다.

"무릇 지킬만한 것보다 더욱 네 마음을 지키라 생명의 근원이 이에서 남이니라" - 잠언 4장 23절

모든 죄악이 자기 마음에서 발생한다.

① 게으른 마음을 가진 사람은 게으른 사람이 된다.

"부지런한 자의 손은 사람을 다스리게 되어도 게으른 자는 부림을 받느니라" - 잠언 12장 24절

"게으른 자는 그 잡을 것도 사냥하지 아니하나니 사람의 부귀는 부지런한 것이니라" - 잠언 12장 27절

② 거짓된 마음을 가진 사람은 사기꾼이 된다.

"너희가 서로 거짓말을 말라 옛 사람과 그 행위를 벗어 버리고" - 골로새서 3장 9절

"무엇이든지 속된 것이나 가증한 일 또는 거짓말 하는 자는 결코 그리로 들어오지 못하되 오직 어린 양의 생명 책에 기록된 자들뿐이라"– 요한계시록 21장 27절

③ 탐심의 마음을 가지면 도둑이 된다.
"저희에게 이르시되 삼가 모든 탐심을 물리치라 사람의 생명이 그 소유의 넉넉한데 있지 아니하니라 하시고"–
누가복음 12장 15절

마음을 지키지 못하고 두 마음을 품으면 생을 망치게 된다.
"오직 믿음으로 구하고 조금도 의심하지 말라 의심하는 자는 마치 바람에 밀려 요동하는 바다 물결 같으니 이런 사람은 무엇이든지 주께 얻기를 생각하지 말라 두 마음 을 품어 모든 일에 정함이 없는 자로다"– 야고보서 1장 6–8절
"한 사람이 두 주인을 섬기지 못할 것이니 혹 이를 미워 하며 저를 사랑하거나 혹 이를 중히 여기며 저를 경히 여김이라 너희가 하나님과 재물을 겸하여 섬기지 못하 느니라"– 마태복음 6장 24절

가룟 유다는 두 마음을 품어 망한 사람이다.
"한 여자가 매우 귀한 향유 한 옥합을 가지고 나아와서 식사하시는 예수의 머리에 부으니 제자들이 보고 분하

여 가로되 무슨 의사로 이것을 허비하느뇨 이것을 많은 값에 팔아 가난한 자들에게 줄 수 있었겠도다 하거늘 예수께서 아시고 저희에게 이르시되 너희가 어찌하여 이 여자를 괴롭게 하느냐 저가 내게 좋은 일을 하였느니라 가난한 자들은 항상 너희와 함께 있거니와 나는 항상 함께 있지 아니하리라"– 마태복음 26장 7-11절

"그 때에 열 둘 중에 하나인 가룟 유다라 하는 자가 대제사장들에게 가서 말하되 내가 예수를 너희에게 넘겨주리니 얼마나 주려느냐 하니 그들이 은 삼십을 달아 주거늘 저가 그 때부터 예수를 넘겨줄 기회를 찾더라"– 마태복음 26장 14-16절

그러므로 우리는 항상 자기 마음을 지키며 살아야 한다.

(2) 우리는 영혼을 지키며 살아야 한다.

"사람이 만일 온 천하를 얻고도 제 목숨을 잃으면 무엇이 유익하리요 사람이 무엇을 주고 제 목숨을 바꾸겠느냐"– 마태복음 16장 26절

자기 영혼을 지키지 못하는 어리석은 사람이 많이 있다.
① 밭의 소출이 풍성하였던 부자(눅 12:16)
② 호화로운 생활을 영위하였던 부자(눅 16:19)
③ 영생에 대해 관심을 가졌지만 물질에 대한 애착 때문에

영혼을 잃어버렸던 청년(눅 18:23)

이들은 모두 자기 영혼을 지키지 못한 어리석은 사람들이다.

> "또 비유로 저희에게 일러 가라사대 한 부자가 그 밭에 소출이 풍성하매 심중에 생각하여 가로되 내가 곡식 쌓아 둘 곳이 없으니 어찌할꼬 하고 또 가로되 내가 이렇게 하리라 내 곡간을 헐고 더 크게 짓고 내 모든 곡식과 물건을 거기 쌓아 두리라 또 내가 내 영혼에게 이르되 영혼아 여러 해 쓸 물건을 많이 쌓아 두었으니 평안히 쉬고 먹고 마시고 즐거워하자 하리라 하되 하나님은 이르시되 어리석은 자여 오늘 밤에 네 영혼을 도로 찾으리니 그러면 네 예비한 것이 뉘 것이 되겠느냐 하셨으니"–
> 누가복음 12장 16–20절

그런데 삭개오는 자기 가산을 팔아 영혼을 지킨 현명한 삶을 살았다.

> "삭개오가 서서 주께 여짜오되 주여 보시옵소서 내 소유의 절반을 가난한 자들에게 주겠사오며 만일 뉘 것을 토색한 일이 있으면 사배나 갚겠나이다 예수께서 이르시되 오늘 구원이 이 집에 이르렀으니 이 사람도 아브라함의 자손임이로다"– 누가복음 19장 8,9절

우리는 죄악으로부터 자기 영혼을 지켜야 한다. 죄로부터

우리의 영혼을 지키지 못하면 우리의 가정과 사회, 국가가 파멸하게 된다.

『1차 대전 후 프랑스는 '마지노선'이란 방비선을 만들어 놓았다. 가까스로 국방비 예산을 통과시켜 현대 과학의 정수를 기울여 쌓은 마지노선은 지하 3,4층 집으로 구조하여 식당, 병원, 침실, 가톨릭 예배당 등 무소불위의 설비를 갖추었다. 독일군 3백만 명을 희생시키기 전에는 결코 마지노 선을 넘지 못하므로 프랑스 사람들은 베개를 높이고 잘 수 있었다.

그러나 2차 대전이 벌어진 후, 독일 군대가 마지노선을 폭격한지 일주일 만에 금성철벽을 자랑하던 마지노선은 깨지고 말았다. 프랑스의 건설업자들이 이익을 탐하여 마지노 장군이 보지 않을 때 철저하게 일하지 않았던 것이다.

그런데 그 결과는 결국 자기 자손의 생명을 팔았고 나라를 망치고 말았다. 언제나 불의와 부정은 먼저 자신을 해치는 것이다.』

우리는 또한 마귀로부터 우리 영혼을 지켜야 한다.
"시험을 참는 자는 복이 있도다 이것에 옳다 인정하심을 받은 후에 주께서 자기를 사랑하는 자들에게 약속하신 생명의 면류관을 얻을 것임이니라"– 야고보서 1장 12절
"그런즉 너희는 하나님께 순복할찌어다 마귀를 대적하라 그리하면 너희를 피하리라"– 야고보서 4장 7절
서양 속담에 마귀는 네 가지로 사람을 죄에 빠지게 한다고

한다.

"누구든지 하니까…."

"이까짓 일이야…."

"한번만 더…."

"아직 앞날이 많으니…."

그리고 우리는 세상으로부터도 우리 영혼을 지켜야 한다.

"너희의 허물과 죄로 죽었던 너희를 살리셨도다 그 때에 너희가 그 가운데서 행하여 이 세상 풍속을 좇고 공중의 권세 잡은 자를 따랐으니 곧 지금 불순종의 아들들가운데서 역사하는 영이라 전에는 우리도 다 그 가운데서 우리 육체의 욕심을 따라 지내며 육체와 마음의 원하는 것을 하여 다른이들과 같이 본질상 진노의 자녀이었더니 긍휼에 풍성하신 하나님이 우리를 사랑하신 그 큰 사랑을 인하여 허물로 죽은 우리를 그리스도와 함께 살리셨고(너희가 은혜로 구원을 얻은 것이라)" – 에베소서 2장 1–5절

"간음하는 여자들이여 세상과 벗된 것이 하나님의 원수임을 알지 못하느뇨 그런즉 누구든지 세상과 벗이 되고자 하는 자는 스스로 하나님과 원수되게 하는 것이니라" – 야고보서 4장 4절

우리가 그와 같은 것들로부터 영혼을 지키기 위해서는 전

신갑주로 영혼을 무장해야 한다.

> "종말로 너희가 주 안에서와 그 힘의 능력으로 강건하
> 여지고 마귀의 궤계를 능히 대적하기 위하여 하나님의
> 전신갑주를 입으라 우리의 씨름은 혈과 육에 대한 것이
> 아니요 정사와 권세와 이 어두움의 세상 주관자들과 하
> 늘에 있는 악의 영들에게 대함이라 그러므로 하나님의
> 전신갑주를 취하라 이는 악한 날에 너희가 능히 대적하
> 고 모든 일을 행한 후에 서기 위함이라 그런즉 서서 진
> 리로 너희 허리 띠를 띠고 의의 흉배를 붙이고 평안의
> 복음의 예비한 것으로 신을 신고 모든 것 위에 믿음의
> 방패를 가지고 이로써 능히 악한 자의 모든 화전을 소멸
> 하고 구원의 투구와 성령의 검 곧 하나님의 말씀을 가지
> 라 모든 기도와 간구로 하되 무시로 성령 안에서 기도하
> 고 이를 위하여 깨어 구하기를 항상 힘쓰며 여러 성도를
> 위하여 구하고" – 에베소서 6장 10-18절

(3) 우리는 교훈을 지키며 살아야 한다.

> "모든 성경은 하나님의 감동으로 된 것으로 교훈과 책
> 망과 바르게 함과 의로 교육하기에 유익하니" – 디모데후서 3
> 장 16절

오늘날 세상 사람들은 바른 교훈을 싫어하며 지키지 않
는다.

"때가 이르리니 사람이 바른 교훈을 받지 아니하며 귀가 가려워서 자기의 사욕을 좇을 스승을 많이 두고 또 그 귀를 진리에서 돌이켜 허탄한 이야기를 좇으리라"- 디모데후서 4장 3,4절

『미국 고아 출신으로 산림 왕이 되고 거부가 된 깁슨 씨에게는 다음과 같은 일화가 있다.

같은 고아 출신인 어떤 사람이 깁슨 씨를 찾아와 부자가 되는 비결을 물었다. 그는 "비결을 가르쳐 줄테니 10년 동안 그것을 그대로 지켜 행하라. 그래도 부자가 못 되면 내 재산을 나눠 주겠다"라며 비결을 말해 주었다.

첫째, 하나님을 잘 믿고 주일을 성수할 것

둘째, 술을 마시지 말 것

셋째, 무슨 일이든지 쉬지 말고 부지런히 할 것

이상의 세 가지였다.

그 친구는 반드시 조건을 지키겠다고 약속을 하고 돌아와 철공소 직공을 모집한다는 신문 광고를 보고 응시했다. 예전 같으면 품삯을 가지고 시비하고 불평을 했을 텐데, 이제는 자기 일이 잘 안 되어도 부자가 될 수 있다는 보장이 있기 때문에 품삯 따위는 아랑곳없이 열심으로 쉬지 않고 일하였다. 그리고 부지런히 주일을 성수하며 술도 마시지 않았다. 그는 점차 철공소 안에서 인정받게 되어 월급이 올랐으며 1년 후 지방 지점장으로 영전되었다. 그렇게 성실하게 일한 지 10년, 철공소 주인은 회장으로, 그는 사장

으로 취임하여 부유하게 살게 되었다고 한다.

바른 교훈이란 이렇게 중요한 것이다.』

하나님의 교훈을 지키며 살면 장수와 평화를 누린다.

"내 아들아 나의 법을 잊어버리지 말고 네 마음으로 나의 명령을 지키라 그리하면 그것이 너로 장수하여 많은 해를 누리게 하며 평강을 더하게 하리라 인자와 진리로 네게서 떠나지 않게 하고 그것을 네 목에 매며 네 마음판에 새기라 그리하면 네가 하나님과 사람 앞에서 은총과 귀중히 여김을 받으리라 너는 마음을 다하여 여호와를 의뢰하고 네 명철을 의지하지 말라 너는 범사에 그를 인정하라 그리하면 네 길을 지도하시리라" – 잠언 3장 1–6절

둘째, 싸우며 살아야 할 것

"내가 선한 싸움을 싸우고 나의 달려갈 길을 마치고 믿음을 지켰으니 이제 후로는 나를 위하여 의의 면류관이 예비되었으므로 주 곧 의로우신 재판장이 그 날에 내게 주실 것이니 내게만 아니라 주의 나타나심을 사모하는 모든 자에게니라" – 디모데후서 4장 7,8절

주님의 재림을 앞둔 우리는 싸우며 살아야 할 일이 있다.

(1) 죄와 싸우며 살아야 한다.

"낮에와 같이 단정히 행하고 방탕과 술취하지 말며 음란과 호색하지 말며 쟁투와 시기하지 말고 오직 주 예수 그리스도로 옷입고 정욕을 위하여 육신의 일을 도모하지 말라"-로마서 13장 13,14절

(2) 세상과 싸우며 살아야 한다.

"이 세상이나 세상에 있는 것들을 사랑치 말라 누구든지 세상을 사랑하면 아버지의 사랑이 그 속에 있지 아니하니"-요한1서 2장 15절

우리는 세상과 싸워야 하는데, 세상과 싸워 이길 수 있게 하는 것은 바로 우리의 믿음이다.

"대저 하나님께로서 난 자마다 세상을 이기느니라 세상을 이긴 이김은 이것이니 우리의 믿음이니라"-요한1서 5장 4절

『이 세상에 근심된 일이 많고

이 세상에 근심된 일이 많고 참 평안을 몰랐구나
내 주 예수 날 오라 부르시니 곧 평안히 쉬리로다
주 예수의 구원의 은혜로다 참 기쁘고 즐겁구나
그 은혜를 영원히 누리겠네 곧 평안히 쉬리로다

이 세상에 곤고한 일이 많고 참 쉬는 날 없었구나

내 주 예수 날 사랑하시오니 곧 평안히 쉬리로다

주 예수의 구원의 은혜로다 참 기쁘고 즐겁구나

그 은혜를 영원히 누리겠네 곧 평안히 쉬리로다』

『흔들리지 않는 산 교회의 터전에는 순교자의 피가 서려 있다. 주기철 목사는 손양원 목사에게 "나는 북에서 싸울 터이니 손 목사는 남에서 싸우라. 예수님을 위하여 목숨을 버리는 자가 가장 잘 죽는 사람이다"라고 말했다.

그는 1897년 11월 25일 경남 웅천에서 장로의 아들로 태어나 웅변을 잘 해서 한때 정치가가 될 것을 생각하였으나 김익두 목사의 설교를 듣고 회개하여 신학 공부를 할 것을 결심하고 24세에 평양신학교에 입학하였다. 1926년에 졸업하여 30세에 초량교회를 시무하고 1938년 신사참배 가결 총회 전, 감옥에 수감되었다. 그 후 그의 최후 설교에서 그는 다섯 가지를 기원하였는데 그것은 다음과 같다.

● 죽음의 권세를 이기게 하옵소서.

● 장기간의 고난을 견디게 하옵소서.

● 노모, 처자, 교우를 주님께 부탁합니다.

● 의에 살고 의에 죽게 하옵소서.

● 내 영혼을 주님께 부탁합니다.

1944년 4월 21일, 그는 "내 영혼의 하나님이시여, 나를 붙드소서"라고 기도하며 끝까지 싸우다 주님께로 갔다.』

결론

주님의 재림을 앞둔 우리에게는 지키며 살아야 할 것과 싸우며 살아야 할 것 두 가지가 있다. 우리는 이 악한 세상에서 우리의 마음과 우리의 영혼을 지켜야 하며, 주님의 교훈을 지켜야 한다. 더불어 우리의 죄와 싸워야 하며 이 악한 세상과 싸워야 한다. 그와 같은 삶이 바로 주님의 재림을 기다리는 삶이다.

3

종말에 대한
성경공부

아시아 일곱 교회

　요한계시록 2장과 3장에는 그 당시 존재하던 아시아 일곱 교회가 등장한다. 주님께서는 그 일곱 교회에 각각 편지를 보내시면서 그들의 장점을 칭찬하고 그들의 부족한 면을 책망하셨다. 이는 교회가 주님의 사역을 수행해야 하는 유일한 기관이므로, 주님께서는 교회를 든든히 세워 이 땅에서의 주님의 사역을 완성하시기 위해서였다.

　그 일곱 교회는 당시 실존하던 교회임과 동시에 오늘날 이 세상에 존재하는 모든 교회를 대표하기도 한다.

　우리는 그 일곱 교회의 모습을 통하여 오늘 우리의 모습을 살펴보고 주님을 가장 기쁘시게 하는 교회의 모습이 무엇인가를 배울 수 있다.

1. 첫사랑을 잃은 교회

에베소 교회(계 2:1-7)

　요한계시록에 기록된 첫 번째 교회는 에베소 교회이다. 에베소 교회는 바울이 2차 전도 여행시에 설립한 교회로서(행 19:1-7), 바울이 여기에서 사역을 하였고 그 뒤를 이어 브리스길라와 아굴라, 그리고 아볼로, 디모데, 사도 요한이 목회를 하였다.

　에베소 교회가 있던 에베소는 당시 무역과 상업의 중심지로서 많은 사람들의 왕래가 있었으며, 자유도시로서 많은 정치적 특권을 누린 수준 높은 도시였다.

　그러나 우상 숭배와 미신적 행습이 그 도시를 타락의 도시로 전락시키고 말았으며, 그들의 시민성이 좋지 못하여 평판이 매우 나빴다.

(1) 주님께서 처음 편지를 보낸 교회는 어떤 교회였는가?(1절)

● 에베소 교회가 처음 설립되던 장면을 찾아 보자(행 19:1-7).

(2) 에베소 교회에 편지를 보낸 주님의 모습이 어떻게 묘사되어 있는 가?(1절)

● 여기에 묘사된 주님의 모습은 어떤 의미가 있다고 생각하는가?(에베소서 1장 22,23절을 찾아 보자)

(3) 주님께서는 에베소 교회의 어떤 면을 칭찬하셨는 가?(2,3절을 읽고 구체적으로 열거해 보자)

① 네 행위를 안다.
② _____을 안다.
③ _____을 안다.
④ _____을 용납지 아니한 것을 안다.
⑤ 거짓 사도를 드러낸 것을 안다.
⑥ 네가 참은 것을 안다.
⑦ _____을 위하여 견딘 것을 안다.
⑧ _____을 안다.

● 지금 우리가 출석하고 있는 교회는 어떤 장점이 있는 가?(생각나는 대로 적어 보자)

(4) 하지만 주님은 에베소 교회의 어떤 면을 책망하셨는 가?(4절)

● 우리는 주님에 대한 첫사랑을 아직도 간직하고 있는 가? 만약 없다면 그 이유는 무엇 때문인가?

● 주님께서 만약 우리의 교회를 보고 책망하신다면 어떤 점을 책망하시겠는가?

(5) 만약 에베소 교회가 주님의 책망을 받아들이지 않으면, 주님께서는 어떻게 하시겠다고 경고하셨는가?(5절)

● 주님의 책망을 받아들이려면 구체적으로 어떻게 해야 하는가?(5절)

● 우리의 교회가 첫사랑을 회복하기 위해서는 무엇을 회개해야 한다고 생각하는가?

(6) 주님의 말씀을 듣고 순종하는 사람에게 주님은 어떤 축복을 약속하셨는가?(7절)

적용

1. 주님은 교회의 머리이시며, 교회의 주권을 가지고 계신 분이다. 그러므로 교회가 교회되기 위해서는 주님의 주권에 순종해야 한다.

● 에베소서 1장 22,23절을 찾아보자.

● 우리의 교회는 주님의 주권에 순종하고 있는가?

2. 주님은 우리가 주님을 위해 애쓴 모든 일을 알고 계신다. 그러므로 우리는 끝까지 주님을 위해 봉사해야 한다.

● 고린도전서 15장 58절을 묵상하자.

3. 주님은 첫사랑을 잃은 에베소 교회를 책망하셨다. 만약 우리가 첫사랑을 잃었다면 주님은 똑같이 우리를 책망하실 것이다.

주님에 대한 첫사랑을 유지하기 위해 우리가 노력할 일은 무엇인가?

4. 주님의 책망을 받아들이지 않으면 주님의 쓰임을 받을 수 없다. 바울은 지속적으로 하나님의 쓰임을 받기 위하여 어떤 삶을 살았는가?(고전 9:27)

2. 고난을 이긴 교회

서머나 교회(계 2:8-11)

서머나는 그리스도께서 이 땅에 오시기 전 약 1,000년경에 형성된 고대 소아시아 지방의 아주 아름답고 풍요로운 도시 중 하나였다. 화려하고 아름다우며 풍요로운 서머나에 비한다면 서머나 교회는 가난과 여러 가지 시련으로 고난을 겪고 있었다.

(1) 주님께서 두 번째 편지를 보낸 교회는 어떤 교회였는가?(8절)

(2) 서머나 교회에 편지를 보낸 주님의 모습은 어떤 분으로 묘사되어 있는가?
- 여기에 묘사된 주님의 모습은 어떤 의미가 있다고 생각하는가?

(3) 주님께서는 서머나 교회의 어떤 면을 칭찬하셨는가?(9절)

서머나 교회는 항상 위협 속에 있었다. 이는 그 당시 사람들이 그리스도인들을 박해하며 죽였기 때문이다. 그와 같은 상황 속에서도 그 믿음을 포기하지 않고 꿋꿋하게 신앙을 지켜 왔다.

● 주님께서는 이 세상을 사는 우리에게 어떤 말씀을 하셨는가?(요 16:33)

● 시험을 이기는 사람에게 주님은 무엇을 약속하셨는가?(약 1:12)

(4) 주님은 서머나 교인들에게 장차 일어날 일에 대하여 어떤 말씀을 하셨는가?(10절)

● 생명의 면류관을 받으려면 어떻게 해야 하는가?(10절)

● 주님의 교회라 할지라도 고난을 받을 수 있다. 현재 우리의 교회가 당하고 있는 고난은 무엇이며, 교인들은 그것을 어떻게 받아들이고 있는가?

(5) 주님은 서머나 교인들에게 어떤 축복을 약속하셨는가?(11절)

적용

1. 주님은 처음이요 나중이며, 죽었다가 다시 살아나신 분이다. 부활하신 주님께서는 주님을 믿는 사람에게 무엇을 약속하셨는가?(요 11:25,26)

2. 서머나 교회의 고난을 알고 계신 주님은 지금 우리가 겪고 있는 어려움도 모두 아신다. 그러므로 우리는 주님을 향해 어떤 삶을 살아야 하는가?(벧전 5:7)

3. 서머나 교회는 주님으로부터 책망받지 않은 교회였다. 이는 그들이 주님을 위해 고난당하며 순교하였기 때문이다. 주님께서는 고난당하며 순교하는 사람을 결코 책망하지 않으신다.
   우리는 주님을 위해 어떤 고난을 겪고 있는가?

4. 죽도록 충성하는 사람에게 주님은 생명의 면류관을 약속하셨다. 우리가 더욱 충성해야 될 일은 무엇인가? 고린도전서 4장 2절을 찾아보자.

"오직 우리의 시민권은 하늘에 있는지라 거기로서 구원하는 자 곧 주 예수 그리스도를 기다리노니" - 빌립보서 3장 20절

3. 세속에 물든 교회

버가모 교회(계 2:12-17)

버가모 교회는 교회가 형성된 지 얼마 되지 않은 개척교회였다. 그래서 버가모 교회는 그 당시 팽배하던 이단의 교훈과 우상숭배, 그리고 황제 숭배와 싸워야만 했다. 이 싸움에서 이기면 승리하지만 패하면 세속에 물들 위험이 항상 도사리고 있었다.

(1) 주님께서 세 번째 편지를 보낸 교회는 어떤 교회였는가?(12절)
  ● 개척 교회가 겪을 수 있는 어려움을 아는 대로 적어보자.

(2) 버가모 교회에 편지를 보낸 주님은 어떤 모습인가?(12절)
  ● 여기에 묘사된 주님의 모습은 어떤 의미가 있다고 생각하는가?

(3) 주님께서는 버가모 교회의 어떤 면을 알고 계셨는가?(13절)

● 주님은 또한 버가모 교회의 어떤 장점을 알고 계셨는
가?(13절)

주님은 모든 교회의 지역적 특성을 알고 계시며 주님을 위
해 봉사한 일도 알고 계신다.
우리 교회의 지역적 특성은 무엇인가?
그 면이 우리 교회에 어떤 영향을 끼치고 있는가?

**(4) 버가모 교회를 향하여 주님께서 책망하신 내용은 무
엇인가?(14,15절)**

● 우리가 교회 내에서 세속에 물든 점이 있다면 그것은
무엇인가?

**(5) 주님께서는 버가모 교회를 향하여 어떤 경고의 말씀
을 하셨는가?(16절)**

● 우리 교회가 안고 있는 세속적인 면을 고치기 위해서는
어떻게 해야 하는가?

**(6) 주님께서는 버가모 교인들에게 어떤 축복을 약속하셨
는가?(17절)**

적용

1. 주님은 날선 검을 가지고 옳지 않은 것을 심판하는 분이시다.

  ● 오늘날 주님은 무엇을 가지고 우리의 행위를 심판하시는가?
    (히 4:12)

  ● 우리는 말씀을 통하여 매일 우리의 삶을 청결하게 유지하는가?

2. 버가모 교회는 한 마디로 세속에 물든 교회였다. 세속에 물들지 않기 위해서는 어떤 삶을 살아야 하는가?(벧전 2:11,12)

3. 주님은 이미 세속에 물든 버가모 교회에게 회개하고 돌아오라고 말씀하셨다.
  우리가 회개하고 돌아서야 할 분야는 무엇인가?

  ● 사도행전 3장 19절을 찾아보자.

4. 행음에 빠진 교회

두아디라 교회(계 2:18-29)

두아디라 교회는 '동업조합'의 가입을 놓고 여러 가지 내부적인 갈등을 겪고 있었다. 그 당시 어떤 상인이나 직업인도 자기 동업조합의 회원으로 가입하지 않고는 돈 벌기가 어려웠다. 그런데 그들이 동업조합의 가입을 꺼려한 이유는 동업조합이 이방신의 예배와 밀접한 관계가 있었기 때문이다.

또한 동업조합이 술취함과 직접적인 관계가 있기 때문이다. 그러므로 두아디라 교회는 사실 외부적인 문제보다 내부적인 문제가 더 심각하였다.

(1) 주님께서 네 번째 편지를 보낸 교회는 어떤 교회였는가?(18절)

(2) 두아디라 교회에 편지를 보낸 주님의 모습은 어떻게 묘사되어 있는가?(18절)
 ● 주님의 눈이 불꽃 같다는 것은 주님의 어떤 모습을 강조한 것인가?

(3) 주님께서는 두아디라 교회의 어떤 면을 알고 계셨는
　가?(19절)

①

②

③

④

⑤

(4) 두아디라 교회가 많은 칭찬을 들었음에도 불구하고
　어떤 꾸중을 들었는가?

① 20절

② 21절

(5) 주님께서는 그들이 회개하지 않으면 어떤 벌을 받을
　것이라고 말씀하셨는가?(22,23절)

(6) 주님의 심판의 기준은 무엇인가?(23절)

(7) 주님은 두아디라 교인들에게 어떤 권면을 하셨는
　가?(24,25절)

(8) 주님은 두아디라 교인들에게 어떤 축복을 약속하셨는
　가?(26-29절)

적용

1. 주님은 불꽃 같은 눈을 가진 분이시다. 그러므로 주님은 우리의 모든 행위를 알고 계신다.
   솔로몬은 그 주님을 기억하며, 우리에게 어떤 삶을 살라고 권면하였는가?(전 12:14)

2. 주님은 칭찬과 함께 꾸중을 하시는 분이시다. 아무리 칭찬받을 일을 많이 했다고 해도 꾸중할 일이 있으면 주님은 책망하신다. 주님께서 오늘 우리에게 책망하실 일은 무엇인가?

3. 주님은 우리가 행한 대로 갚아 주신다.
   우리는 주님으로부터 상을 받기 위하여 구체적으로 어떤 봉사를 하고 있는가?

5. 잠들어 있는 교회

사데 교회(계 3:1-6)

  사데 교회는 고난을 전혀 받지 않았던 교회였다. 사데 교회의 그리스도인들은 다른 교회들처럼 어떤 위협도 받지 않았던 이유로 안일한 신앙 생활을 영위하였다. 그들은 황제 숭배의 위협이나 박해의 고난도 없었다. 또한 유대인들의 악의에 찬 중상모략이나 교회 내부에서 일어나는 이단의 위협도 없었다. 그러므로 그들은 항상 안일에 젖어 있었다.

(1) 주님께서 다섯 번째 편지를 보낸 교회는 어떤 교회였는가?(1절)

(2) 사데 교회에 편지를 보낸 주님은 어떤 분으로 묘사되어 있는가?(1절)
- 여기에 묘사된 주님의 모습은 어떤 의미가 있다고 생각하는가?

(3) 주님은 한 마디로 사데 교회를 어떻게 평가하셨는가?(1절)

● 사데 교회는 전혀 칭찬을 받지 못한 교회였다.

우리는 전혀 칭찬받지 못하고 꾸중만 듣는 교회도 있다는 사실을 알아야 한다.

우리 교회는 어떻다고 생각하는가?

(4) 주님은 사데 교회를 향해 어떤 권면을 하셨는가?(2절)

● 주님은 그의 몸 된 모든 교회를 사랑하시며 관심을 갖고 계신다.

(5) 주님은 그들에게 어떻게 회개하라고 말씀하셨으며, 회개하지 않으면 어떻게 하시겠다고 말씀하셨는가?(3절)

(6) 주님께서는 사데 교회의 어떤 면만 괜찮다고 말씀하셨는가?(4절)

● 어느 시대, 어느 환경에서나 세속에 물들지 않고 남는 무리가 있다. 하나님은 그 남은 사람들을 사용하여 일하신다.

우리가 '남은 자'가 되기 위해서는 어떻게 해야 한다고 생각하는가?

(7) 하나님께서는 사데 교회에 어떤 축복을 약속하셨는가?(6절)

적용

1. 주님은 모든 목회자와 모든 그리스도인을 주권적으로 다스리는 분이시다. 지금 주님의 주권에 굴복하지 않는 사람도 장차 주님의 무릎 아래 모두 꿇게 된다.

   우리는 삶의 모든 영역에서 주님의 주권을 인정하며 사는가?(빌 2장 9-11절을 찾아보자)

2. 하나님의 교회라 하여도 죽어 있을 수 있으며, 하나님의 자녀도 죽어 있을 수 있다.

   그러므로 사도 바울은 우리에게 어떤 권면을 하였는가?(고전 10:12)

3. 어느 곳에나 성실하게 믿음의 삶을 사는 사람들이 있다. 하나님은 그들을 기억하시며 축복하신다.

   '남은 자'가 되기 위한 우리의 결심을 적어 보자.

6. 선교에 열심인 교회

빌라델비아 교회(계 3:7-13)

빌라델비아 교회에 보내는 편지는 티없이 맑은 칭찬의 옥구슬로 엮여 있다. 빌라델비아의 칭찬받는 신앙은 주님께서 열어놓으신 봉사와 전도의 기회를 놓치지 않는다는 데 있다. 빌라델비아 교회도 서머나 교회와 마찬가지로 시련을 당하는 교회였다. 하지만 그들은 믿음을 굳게 하여 열심히 봉사하고 전도하였다. 따라서 이들은 주님으로부터 온전한 칭찬만을 받았다.

(1) 주님께서 여섯 번째 편지를 보낸 교회는 어떤 교회였는가?(7절)

(2) 빌라델비아 교회에 편지를 보낸 주님의 모습이 어떻게 묘사되어 있는가?(7절)

● 여기에 묘사된 주님의 모습을 성경은 어떻게 해석하였는가?(7절)

(3) 주님께서는 빌라델비아 교회에 무엇을 두었다고 말씀

하셨는가?(8절)

● 사도 바울은 무엇을 위하여 기도하였는가?(골 4:3)
우리는 전도하기 위하여 얼마 만큼 기도하는가?

(4) 주님은 빌라델비아 교회가 어떤 삶을 살았다고 말씀하셨는가?(8절)

● 주님은 우리가 어떤 환경에서 주님을 섬기고 있는지 다 아신다. 그러므로 우리가 할 일은 환경의 변화를 위해 기도하는 것보다 주어진 환경에서 최선을 다하는 것이다.

(5) 주님은 자신이 빌라델비아 교회를 사랑하는 것을 어떻게 증명하겠다고 말씀하셨는가?(9절)

(6) 주님의 말씀을 지킨 빌라델비아 교회에 어떤 축복을 주시겠다고 약속하셨는가?(10절)

● 주님은 우리의 피난처이시므로 주의 말씀을 지키는 사람은 환난을 벗어나게 된다.

시편 91편을 묵상하자.

(7) 주님은 빌라델비아 교인들에게 어떤 점을 경계하라고 말씀하셨는가?(11절)

(8) 승리하는 사람에게 주님은 어떤 축복을 약속하셨는가?(12절)

적용

1. 주님은 거룩하고 진실하며 왕의 권위를 가진 분이시다. 주님께서는 모든 것을 뜻대로 행하실 수 있다.
   바울은 주님께 무엇을 구하였는가?(골 4:3)

   ● 우리는 전도를 위하여 기도하는가?
   주님은 어떤 기도보다도 전도의 기도를 기뻐하신다.

2. 빌라델비아 교회는 적은 능력을 가지고도 주님께 꾸중 듣지 않는 훌륭한 삶을 살았다. 우리가 비록 적은 능력을 가졌을지라도 얼마든지 주님을 기쁘시게 할 수 있다. 우리가 주님을 기쁘시게 할 일을 생각해 보자.

3. 주님의 말씀을 지키며 사는 사람은 환난을 피할 수 있다.
   시편 119편을 묵상하자.

7. 미지근한 교회

라오디게아 교회(계 3:14-22)

라오디게아 교회는 주님으로부터 한 마디의 칭찬도 듣지 못하고 책망만 받았다. 그들은 아시아에서 가장 부유하고 풍성했다. 그런데 그들은 물질직 풍요로 인하여 영적인 일에 소홀하였다. 또한 그들은 예수 그리스도를 필요로 하지 않을 만큼 영적으로 교만하였다. 주님께서는 이 교회에 편지하시면서 그들의 영적인 나태와 교만을 책망하셨다.

(1) 주님은 마지막으로 어떤 교회에 편지하셨는가?(14절)

(2) 라오디게아 교회에 편지한 주님은 어떤 분으로 묘사되어 있는가?(14절)

● 여기에 묘사된 주님의 모습을 깊이 묵상해 보자.
어떤 의미가 있는가?
① 아멘
② 충성
③ 참된 증인

④ 창조의 근본

(3) 주님께서는 라오디게아 교회의 상태를 어떻게 평가하
셨는가?(15절)

● 주님은 지금도 우리의 상태를 알고 계신다. 최근 우리
의 영적 상태는 어떠한가?

(4) 주님께서는 그들이 뉘우치지 않으면 어떻게 하시겠다
고 말씀하셨는가?(16절)

(5) 라오디게아 교인들은 그들의 상태를 스스로 어떻게
생각하였는가?(17절)

● 하지만 주님은 그들을 어떻게 평가하셨는가?

①

②

③

④

⑤

(6) 주님께서는 그들이 어떻게 회개하기를 원하셨는
가?(18절)

(7) 주님은 항상 어떤 사람을 책망하시는가?(19절)

(8) 주님께서는 라오디게아 교인들과 어떤 교제를 나누기 원하셨는가?(20절)

(9) 만약 라오디게아 교인들이 뉘우치고 회개하면 주님께서 어떤 축복을 주시겠다고 약속하셨는가?(21절)

적용

1. 충성된 주님께서는 우리에게도 동일한 충성을 요구하신다. 우리는 교회의 모든 집회에 충성되게 참석하고 있는가?

2. 라오디게아 교회는 물질적 풍요 때문에 영적으로 나태하였다. 오늘날 우리 주변에도 그와 같은 교회가 많이 있다.
   우리는 주님께서 우리에게 맡겨주신 물질을 주님을 위해 사용하고 있는가?
   마태복음 6장 24절을 찾아 보자.

3. 라오디게아 교회는 그들 스스로 괜찮다고 생각하였다. 하지만 주님께서는 그들을 호되게 책망하셨다.
   두 사람씩 짝을 지어 서로의 영적 상태를 평가해 보자.

4. 주님은 우리와 항상 긴밀한 교제를 나누기 원하신다.

그런데 주님과 교제를 나누려면 항상 우리가 먼저 마음의 문을 열어야 한다.

우리는 어느 시간에, 어떤 방법으로 주님과 교제를 나누고 있는가?

4

예화

어떤 사람이 지옥과 천당을 다 다녀보았다고 한다.

때마침 식사시간인데 차려 놓은 음식은 지옥이나 천당이나 똑같은 산해진미였다고 한다. 그런데 그곳의 식탁은 넓고 젓가락은 필요 이상으로 길어서 지옥에 있는 사람들은 그 산해진미를 그 기다란 젓가락 때문에 하나도 자기 입에다 넣지 못하고 애는 무척 쓰나 결국은 사방에 흘리고 떨어뜨리기만 하더란다. 그래서 하나도 먹지 못하고 굶주려 뼈와 가죽이 들러붙은 한심스러운 모습을 하고 있었다. 그렇지만 천당에서는, 모든 조건은 지옥과 다를 바가 없는데 여기 사람들은 서로 자기 입에다 음식을 넣으려고 기를 쓰지 않고 긴 젓가락으로 먹을 것을 집어서 식탁 건너편에 앉은 형제의 입에 넣어주어 피차 이렇게 함으로 각자가 배불리 먹어 심신이 건강한 모습을 보았단다. 참으로 적절한 비유이다.

제 생각만 하고 자기만을 위하는 이기적인 사람들이 모인 곳에는 어디나 지옥이 있다.

우리는 지옥에 관하여 다른 사람에 대한 위협처럼 생각하는 버릇이 있다.

아프리카에 있던 한 독일 선교사가 본국에 갔다가 그의 설교를 좀 더 구체적으로 설명하기 위하여 여러 색깔의 그림 세트를 가지고 돌아왔다. 그것은 큰 성과를 얻었다. 설교가 끝난 후 매 주일마다 토인들은 그림에 몰려들어 흥분한 어조로 그것을 토론하는 것이었다.

어느 날 선교사의 설교는 지옥에 관한 것이었다. 토인들은 큰 감명을 받은 것같이 보였다. 그리고 목사님은 잃어버린 영혼의 그림이 그들의 마음속에 큰 인상을 주기를 바라면서 아침 식사를 하러 갔다. 목사님이 방에 들어가기도 전에 즐거움과 웃음의 아우성이 터져 나왔다. 목사님이 다시 돌아와 보니 토인들은 지옥의 그림 앞에서 기쁨의 춤을 추고 있는 것이었다. 그는 대단히 분개하여 그들이 춤추고 있는 곳으로 빨리 걸어갔다.

"조용히! 왜 이렇게 소란을 피우는 거요? 지옥은 웃어버리고 넘길 문제가 아니오!"

토인 중 한 사람이 손으로 그림을 가리키면서 목사님에게 이렇게 말하였다.

"목사님 이것 보십시오. 지옥에 있는 사람들은 모두 백인들이 아닌가요? 흑인은 하나도 없습니다."

유명한 설교가 스펄전(Spurgeon, 1832-1892년)은 신학교의 학생들에게 설교를 할 때의 표정을 다음과 같이 교수하였다.

"천국에 대해서 말할 때에는 얼굴을 밝게 해서 하늘의 빛으로 비추게 한다. 그리고 지옥의 일을 말할 때는 평소의 얼굴로도 좋다."

감리교회의 창시자 요한 웨슬레(John Wesley, 1703-1791년)는 설교 중에 몇몇 사람이 졸고 있는 것을 발견하고 갑자기 소리를 질렀다.

"불이야! 불이야!"

그 소리에 눈을 번쩍 뜬 사람들이 벌떡 일어나 "어, 어디에 불이 났는데"라며 두리번 거렸다.

그러자 웨슬레는 "지옥이오!"라며 엄숙하게 말을 계속하였다.

"설교 중에 조는 자들이 떨어져 가는 지옥 말이오!"

열차 안에서 기독교 목사와 유대교 랍비가 이야기를 나누고 있었다.

목사가 얼굴을 찡그리며 말하였다.

"어젯밤 꿈에 유대교의 천국이라는 곳을 보았는데 그야말로 더럽고 우중충한 데다 유대인들만 우글거리더군요."

랍비도 지지 않고 말하였다.

"실은 저도 어젯밤 꿈에 기독교의 천국을 보았거든요. 아주 훌륭한 곳인데 꽃이 만발하고 향기가 진동하더군요. 햇빛은 찬란하게 빛나고요. 그런데 말입니다, 아무리 눈을 비비고 보아도 사람이라곤 하나도 눈에 띄지 않더군요."

제2차 세계대전 후 소련군의 점령하에 있던 오스트리아에서 일어난 일이다.

어느 날 한 부인이 언덕 위에 있는 교회를 향하여 걸어가고 있는 중 여러 명의 소련 병사들로부터 질문을 받았다.

"당신은 지금 어디 갑니까?"

"기도하러 갑니다."

그러자 그 병사는 이상하다는 듯이 다시 물었다.

"당신은 무엇을 위해 기도합니까?"

부인은 미소를 띠면서 대답하였다.

"천국에 갈 수 있도록 기도합니다. 여러분도 천국에 갈 수 있도록 기도해 드리겠습니다."

소련 병사들은 황급히 고개를 좌우로 흔들었다.

"천만에, 소련이 곧 천국이라고 스탈린은 언제나 선전하였습니다.

천국이 그러한 곳이라면 우리는 포기하겠어요. 그러니 아무쪼록 우리들이 오스트리아에 그대로 머물러 있도록 기도해 주시오.”

천국을 하나님의 나라라고 할 수도 있다. 예수께서 똑똑한 바리새인인 니고데모를 향해 하신 말씀을 보면 물과 성령으로 거듭난 사람만이 들어가는 곳이 천국이며 주기도문에서 “나라이 임하옵시며”라고 하였으니 천국은 장차 나타날 나라이기도 하다. 그러나 더욱 흥미 있는 것은 하나님의 나라가 어느 때에 임하느냐 하고 묻는 바리새인을 향해 예수께서 대답하시기를 “하나님의 나라는 너희 안에 있느니라”라고 하신 사실이다. 그렇다면 천국은 장차 우리가 들어갈 세계요 앞으로 이 땅 위에 실현될 나라일 뿐 아니라 현재 우리 안에 있을 수도 있는 하나님의 나라이다.

어느 이름 없는 시인이 이렇게 노래하였다.

여름풀 무성한 그 그늘에
올해도 반디벌레 풀꽃이
자색으로 피었네.
나의 벗이여,
이 인생에는 오직 하나
이 풀꽃을 닮은 생각이 있어
목숨을 생각 않고 명예 따지지 않고

보수도 많지 않은 일을 하며

이 인생을 살아가는 이들의

이 깊은 정성과 사랑이어라.

이러한 사람들이 모이면 그곳이 자연 천국이 될 것이다.

제정 러시아의 작가 뚜르게네프가 하루는 공원을 산책하고 있었는데 남루한 거지가 나타나 동전 한 푼을 요구하였다. 뚜르게네프가 자기 주머니를 다 뒤져보았으나 불행히도 동전이 없었다. 그는 자기 앞에 내민 거지의 손을 덥석 잡으며 줄 것이 없어 미안하다고 하였다. 그 거지는 얼굴에 웃음을 띠며 말하기를 "구걸하는 평생에 이렇게 기쁜 경험은 처음"이라고 하였다. 그 순간에 두 사람 사이에는 천국의 문이 열려 있었다는 사실을 아무도 의심하지 못할 것이다.

배는 난파하여 물속으로 가라앉는 마당에 하나뿐인 구명대를 가운데 놓고 "나는 죽어도 당신은 살아야지"라며 상대방에게 그 구명대를 밀어주면 그는 그것을 다시 상대방 앞으로 굳이 밀어 놓으면서 "아니요. 나 같은 사람보다 당신이 살아야지요"라는 광경을 한번 상상해 보라. 생명을 건지는 유일한 기회를 서로 양보하는 그 사랑 속에 천국을 발견하지 못할 사람이 어디 있겠는가?

요한의 말처럼 하나님은 사랑이시기 때문에 사랑이 있는 곳에 천국이 있음을 굳게 믿는다(눅 17:21).

심판은 있다. 반드시 있다. 우리의 양심도 이후에 내가 행한 모든 일에 대하여 선악 간에 보응을 받으리라고 하는 느낌을 우리에게 주고 있다. 죄를 범하면 왜 우리 양심이 괴로운가? 이것은 어떤 의미에서는 작은 심판이다.

심판의 사상은 기독교뿐만 아니라 계시 종교가 아닌 자연 종교에서도 흔히 가르친다. 헬라의 유명한 철학자 플라톤이 쓴 책 가운데 『오라토굴드』에 이런 이야기가 나온다.

어떤 군인이 크게 부상을 입었다. 다 죽은 줄 알고 그 시체를 불사르려고 나무 위에 놓고 불을 지르려 하는데 죽은 줄만 알았던 이 군인이 다시 살아서 일어났다고 한다. 그가 깨어나서 이렇게 말했다.

"내가 죽어서 어떤 곳에 가니 두 길이 있었습니다. 그 길에는 심판하는 이가 있어서 세상에 살 때에 한 모든 일에 따라서 심판을 하는데 옳은 일을 행한 사람은 오른편으로 가서 하늘나라로 올라가는 것이 보이고, 악한 일을 행한 사람은 왼편 길로 가게 하는데 가는 사람마다 가슴에 자기가 지은 죄목이 쓰여 있는 카드를 달고 있는 모습을 보았습니다."

무슨 말인가? 사람이 죽은 후에 심판이 있다고 하는 사상은 동서고금을 막론하고 어떤 민족에게서나 찾아볼 수 있다. 이것은 우리의 양심이 지적하여 주고 있다.

로버트 머리 맥체인(R. Murray McCheyne)은 경건한 스코틀랜드 목사로서 30세가 되기 전에 주님과 함께 거하러 갔다. 한 번은 그가 집에 온 몇 명의 친구들에게 "자네는 오늘 밤에 주께서 오실 것이라고 생각하는가?"라고 각각에게 질문을 던졌다. 그는 이들 각 사람 앞에 조금씩 서 있으면서 대답을 기다렸다. 그러자 하나같이 모두 대답하는 말이 "무슨 말을 그렇게 하나. 난 그렇게 생각하지 않네"라는 것이었다. 이때 그는 엄숙하게 다음 말을 인용하였다.

"(너희가) 생각지 않은 때(시간에) 인자가 오리라"(마 24:44).

부루 므하르도(1805-1880년)는 남부 독일의 슈베르스 베르도란 산악 지대에 있는 작은 부락의 목사였다.

그의 생애는 평범한 시골 목사로 끝났지만 그는 그 작은 교회를 찾아오는 사람들에게 복음의 위안을 주며 그들의 영혼을 위해 애썼다.

그는 학자는 아니었지만 생전에 설교집 몇 권 정도를 출간하였고 그의 이름은 제1차 세계 대전 이후에 갑작스레 사람들 사이에 알려지기 시작했다. 그는 종말 신앙을 잊어버린 독일 사람들의 마음속에 "그리스도는 다시 오신다"라는 사상을 강하게 불어넣어 주었기 때문이다. 1차 대전의 참상을 두 눈으로 목격한 독일 사람들이 이 종말론에 관심을 보이기 시작했다.

그는 그리스도의 재림이 눈앞에 다가온 것처럼 설교하고 생활했다. 신년 첫 예배 때마다 "올해는 주님이 오실 해이다"라고 말했다. 그 해에 아무런 일도 일어나지 않아도 그는 실망하지 않고 또 새해가 되면 같은 말을 반복하곤 했다. 또 그는 말년이 되어서는 그의 집 뜰에 주님을 맞을 마차를 준비하고서 재림을 기다렸다.

그는 끝날의 확신을 가지고 산 사람이었지만 그로 인해 교회의 일이나 자신의 임무를 소홀히 한 것은 아니다. 그는 문제점 있는 사람들을 찾아다니며 종말론적 신앙으로 위로해 주며 천국의 도래를 확실히 믿고 현실 가운데서 진실하고 건강한 삶을 영위한 사람이었다(마 25:1-3/ 빌 4:5/ 벧전 5:1-11).

수년 전에 어떤 아버지가 먼 여행차 집을 떠나야만 하였다. 떠나기 바로 전에 세 살 된 꼬마 녀석이 "아빠 언제 돌아와?"라고 물었다. 그러자 그 아버지는 자기가 9월 말까지는 돌아올 수 없는 것을 다시금 생각하였다. 그러나 아들에게 몇 월, 며칠, 몇 시, 무슨 계절이라고 설명해 봤자 알아듣지도 못할 것이니 이런 이야기는 해도 소용없다는 것을 깨닫고서 아이 옆에 앉아서 이렇게 말했다.

"자, 저 나뭇잎 보이지? 저게 울긋불긋해진 후에 저 잎들이 땅에 떨어지기 시작하면 그때 아빠가 집에 돌아 올거야."

다음 날 아버지는 집을 떠났다. 7월과 8월, 이 아이는 보모의 손을 잡고 산보를 다니곤 했다. 이렇게 산보를 하면서 그는 집에 안 계시는 아빠 이야기를 하곤 했다. 서서히 날이 지나서 어느덧 9월 초, 그리곤 9월 중순에 접어들었다. 이 꼬마는 알아채지 못하고 있었지만 나뭇잎들은 단풍으로 물들어 가고 있었다.

그러던 어느 날 밤 큰 바람이 불어 나뭇잎이 숱하게 떨어져 온 길바닥과 도랑을 덮었다. 다음날 아침 이 꼬마 친구는 밖으로 나오자마자 이 광경을 본 것이다. 그러자 보모의 손을 뿌리치고 낙엽을 발로 하늘 높이 좋아라 차며 "야! 신난다! 아빠가 곧 오시는거야"라고 소리쳤다.

마찬가지로 온 세상이 기다리는 마음으로 가득차 있다. 나뭇잎들은 단풍으로 물들어 한 잎 두 잎 낙엽으로 탈바꿈을 시작하고 있다.

예수님은 "너희는 이 모든 일들이 일어나기 시작하는 것을 보거든 기뻐하라"라고 말씀하셨다. 하나님의 모든 자녀의 위대한 아침이 동터 오고 있다. 이는 주님의 오심이 가까워 오기 때문이다.

이 목사님이란 분의 간증을 적어 본다.

그 목사님은 어릴 때부터 예수를 믿고 고등학교 1학년이었을 때 벌써 주일학교 교사가 되어 열심히 어린이들을 가르쳤는데 하루는 천국에 대하여 가르치게 되었다고 한다. "예수님을 믿고 죽으면 천국에 간다"라는 공과를 가르치기는 하였지만 자기 중심 속에 이상한 회의심이 생겼다. '내가 아이들에게 천국을 가르치긴 했지만 천국은 정말 있는 것일까? 내가 죽는다면 천국에 가게 될까?'라고 생각하다가 아무래도 믿어지지 않아서 기도하여 확신을 얻어야겠다고 결심하고 밤에 교회 강단 아래 나아가서 무릎을 꿇고 열심히 기도하였다.

"하나님 정말 하나님은 계십니까? 아니면 안 계시는데 목사님들이 만들어서 그런 것입니까?"

참으로 어이가 없을 정도로 그는 순수하게 기도했다.

얼마 동안 기도하다가 새벽 한 시쯤이 되자 괜히 마음이 서글퍼지고 가슴이 울렁울렁하면서 통회자복이 나왔다고 한다. 그리하여 그 목사님은 죄가 기억나는 대로 회개하고 기도하는데 누군가 자기 머리를 쓰다듬어 주었다. 그래서 목사님은 생각하기를 '우리 목사님이 벌써 기도하려고 나오셨구나'하고 눈을 떠 보았더니 아무도 없더라는 것이다. 이어서 또 기도하는데 비로소 마음이 뜨거워지고 천국이 있는 것을 체험하였고 그 후 그는 목사가 되었다고 한다.

처음 노예 선장으로서 아프리카 무역에 종사하다가 회개하고 후에 프로테스탄트 목사가 된 존 뉴튼은 다음과 같은 말을 한 바 있다.

"내가 천국에 갈 때 거기서 세 가지 놀라운 일을 보게 될 것입니다. 첫째는 내가 전혀 기대하지 못했던 사람이 거기에 있다는 것. 둘째는 내가 거기 있을 것으로 기대했던 그런 사람들이 보이지 않는 것. 셋째는 무엇보다도 가장 커다란 경이는 나 자신이 거기에 있음을 발견하는 것입니다."

루즈벨트 대통령이 아프리카에서 사냥 여행을 마치고 귀가하는 길에 선교사 한 분과 같은 배를 타게 되었다. 그때 루즈벨트 대통령은 특등실에서 제일 좋은 옷을 입고 최고의 음식, 최고의 서비스를 받았다. 그가 뉴욕 항에 도착하자 길에 붉은 카펫이 깔리고 군악대의 연주가 울려 퍼질 뿐만 아니라 군중들이 운집하여 그에게 박수를 보내고 시장의 환영 연설도 있었다. 그와는 대조적으로 루즈벨트 대통령과 같은 배를 타고 초라하게 들어온 선교사는 아프리카에서 40년간 복음을 전하고 돌아오는 길이었다. 그는 그를 반겨주는 사람도 하나 없이 조그만 객실에서 웅크려앉아 있다가 나왔고 의복도 초라하였다. 선교사는 여장을 풀기 위해 호텔에 들어갔는데 그는 방에 들어서자마자 인간적인 생각에 그대로 엎드려 울면서 기도하였다.

"하나님 아버지 무언가 세상은 잘못되었습니다. 루즈벨트는 사냥하고 돌아왔는데도 굉장히 환영을 받고 나는 당신을 위해 40년 동안이나 어려운 선교 생활을 하고 돌아왔는데도 환영객 하나 없고 박수도 없었습니다. 주님, 무엇인가 잘못되지 않았습니까?"

그때, 그 선교사의 귀에 주님의 음성이 들려왔다.

"얘야, 너는 아직 네 집에 돌아온 것이 아니지 않니?"

이 말에 그 선교사는 크게 위로를 받았다.

사랑하는 성도들이여, 세상 사람들이 우리를 환영하거나 칭찬해 주지 않아도 낙심하지 말자. 하늘나라에서 크게 환영받을 것이므로….

한 소녀가 이런 말을 했다.

"나는 천국에 갈 때 성경을 가지고 갈 거예요."

"왜?"라고 묻자 그 소녀는 이렇게 대답했다.

"만약 예수님께서, 제게 "왜 천국 같은 곳에 왔니?"라고 물으시면 마태복음 11장 28절을 가리키면서 '… 다 내게로 오라'라고 하시지 않았습니까?라고 대답하려고요."

얼마나 단순한 신앙인가!

복음은 아무 데도 쓸모없는 것으로 생각하는 사람들이 있었다. 그들은 목사들을 경멸했다. 또한 성경의 진리를 비웃었다. 지금 그들은 지옥에 있다. 잠시 그들과 인터뷰를 해 보자.

"당신은 애초부터 지옥에 올 작정이었나요?"

"천만의 말씀입니다. 저는 줄곧 기독교인이 되어 죽음을 준비하려고 생각했었습니다. 그러나 너무 지체하고 말았습니다. 죽음이 내게 임했다고 생각하는 순간, 이미 지옥에 떨어져 있었거든요."

"당신은 악한 사람이었습니까? 이를테면 술주정꾼이거나 강도이거나 살인자이거나 간음을 행하던 사람이었습니까?"

"아닙니다. 절대로 나는 선하고 훌륭한 인생을 살았습니다. 하지만 한 가지 제쳐놓아 둔 것이 있었는데 그것이 바로 예수 그리스도이지요. 나는 인생에서 그리스도를 빼놓았던 것입니다."

이런 사람들이 있기에 우리는 지옥에 관한 설교를 하는 것이다. 당신 주위에는 그리스도 없이 살아가는 사람들이 너무나 많다. 사람들은 날마다 죽어가고 있다. 당신에게도 그 시간이 닥쳐오고 있다. 진지하게 깨닫고 그리스도께로 나아오라. 이것만이 지옥을 피할 수 있는 유일한 길이다.

죽음이란 날마다 밤이 오고 해마다 겨울이 찾아오는 것같이 피할 수 없는 것이다.

우리는 밤이나 겨울에 대해서는 준비를 하지만, 어찌하여 죽음에 대해서는 조금도 준비를 하지 않는 것일까? 죽음에 대한 준비는 단 하나밖에 없다. 그것은 훌륭한 인생을 산다는 것이다. 우리들이 훌륭한 인생을 살면 살수록 죽음은 더욱더 무의미한 것이 되며 그에 대한 공포가 없어진다. 그러므로 성도들에게는 죽음이란 있을 수 없다.

"나는 부활이요, 생명이니 나를 믿는 자는 죽어도 살겠고 무릇 살아서 나를 믿는 자는 영원히 죽지 아니하리니"(요 11:25,26)

영생의 선물을 소유한 자에게는 죽음의 공포란 있을 수 없다. 주님의 말씀 앞에 성실한 그리스도인이 될 때 주님을 예비하는 신앙을 가질 수 있으며 영원한 삶을 사는 자들의 생활을 영위할 수 있다.

호숫가에서 두루미 한 마리가 우렁이를 잡아먹고 있었다. 그때 우아

한 하얀 깃털을 가진 백조 한 마리가 날아왔다. 이 백조에게 두루미는 "너는 어디서 왔니?"라고 물었다. 백조는 "천국에서!"라고 대답했다.

"여기서 먼 곳이니?"

"그럼 멀고 말고."

"여기보다 더 좋은 곳이니?"

"그럼 더 좋고 말고."

백조는 천국의 아름다움과 호수, 강, 황금 거리, 꽃들, 날씨에 대해 자세히 말해 주었다. 두루미는 다시 물었다.

"그곳에도 우렁이가 있니?"

"그런 건 없어. 그런 지저분한 것은 천국에 들어올 수가 없단다."

"그런 천국이라면 너나 가, 난 필요 없어. 난 우렁이만 있으면 그뿐이야."

사람들에게 진리를 말해주면 두루미와 똑같은 말을 하는 이들이 있다. 그들은 세상의 일들만 붙들려고 한다. 그들은 세상의 하찮은 일로 천국을 버린다.

일제시대, 한국교회를 탄압하기 시작하던 일본 군국주의자들은 마침내 신사참배를 강요하기 시작하고(1938년 이후), 그것을 거부하는 많은 교역자와 성도들을 투옥시켰다. 평양 산정현교회 주기철 목사를 7년이나 옥고를 시키던 그들은 마침내 평양 감옥에서 20일 동안 감식시켜 굶겨 죽였고, 최상림 목사와 최봉석 목사를 모진 고문으로 죽였다. 신앙의 용사로 유명한 박의흠 전도사에게는 별별 심문으로 괴롭히다가 "예수 믿지 않으면 천황 폐하는 어찌 되느냐?"라고도 물었다. 심문

관의 이 어리석은 물음에 "천황 폐하도 예수 믿지 않으면 지옥 갑니다"
라고 대답하자 그들은 안동 감옥에서 그를 때려죽였다. 그들은 비록 박
의흠 전도사를 때려죽였어도 '예수 믿지 않으면 지옥 간다'라는 진리의
말씀은 없애지 못하고 그들 스스로 패망하고 말았다.

"믿지 않는 사람은 정죄를 받으리라."

이는 만고 불변의 말씀이다.

영국 빅토리아 여왕의 맏삼촌 되는 세실 경은 복음 증거를 위하여 많
은 시간을 캐나다에서 보냈다. 그는 거리에서, 산림 속에서, 천막 속에
서, 여러 사람에게 설교했다. 어떤 주일 아침, 교회로 가는 길에 주의
신실한 종이었다가 믿음이 식어, 이제는 교회 출석까지 게을리하게 된
전도자의 집 앞을 지나게 되었다. 주일 예배 시간이 임박했음에도 그는
개의치 않는 듯 점심 준비를 위한 나무를 자르고 있었다. 세실 경은 가
던 발걸음을 멈추고 그에게 "주님이 오십니다. 형제여, 주님이 오십니
다"라고 외친 후 예배당을 향해 갔다. 이 말은 그 전도자의 잠자던 심
령, 병들고 있는 양심을 찔렀다. 그는 자르던 나무를 곧 집어던졌다. 그
리고 다시 주님을 그의 심중에 모셔들이고 주를 위해 일하게 되었다.
우리의 심령이 언제나 잠들지 않기 위하여 기억하고 생각할 것은 주
예수님의 오심에 대한 것이다(마 24:32-51 참조).

주님의 재림하심에 대하여는 주께서도 분명히 가르쳐 주신 바 있음
에도(마 24:36) 불구하고 주의 재림처럼 많은 물의를 일으키고 많은 사
람의 이용물이 되고 미혹거리가 되며 폐해를 받게 한 것은 달리 없을

것이다. 그 대략을 아래에 소개해 보기로 한다.

그리스도께서 승천하신 후 약 20년이 되어서부터 주의 재림이 언제 있을 것이라고 말하는 자들이 생겨났는데 시일이 경과되고 세기를 거듭하는 동안에 더욱 많이 나타나게 되었다.

주후 1700년경, 스웨덴벅(Swedenborg, Emanuel 1688–1772년), 그다음 어빙(Irving) 파가 예수님의 재림이 언제 있을 것이라고 말하였다. 그러나 그들이 말한 날에 예수께서는 재림하지 않으셨다. 약 100년이 지나 사우드코트(Southcott)란 여자가 자기는 어린 양의 실제 아내인데 그리스도는 자기를 통해 1814년 10월 19일에 오신다고 했다. 그다음에는 안리라는 여자가 동일한 방법으로 그리스도는 자기를 통해 다시 오신다고 했다. 그 같은 류에 속하는 사람을 이야기하기 시작한다면 지면이 부족하므로 생략하기로 한다. 끝으로 제 7일 안식일 예수 재림교회의 창시자 밀러의 이야기를 듣기로 한다.

밀러는 다니엘서 8장 14절의 "2,300 주야가 지난 후에 성전이 깨끗게 되리라"라고 하는 성구를 의지하여 그리스도의 재림 일자를 1844년 10월 22일이라고 했다. 그러므로 그 날짜에 이르러 밀러 일파는 특별히 만든 흰옷을 입고 지붕 위, 높은 언덕 위에 올라가 이제나저제나 공중에 들려 올라가 주님을 만나게 될까 하고 초조해하였다(살전 4:17).

이 재림 일자 발표는 많은 사람에게 충격을 주어 재물을 팔아 가난한 자에게 주어버린 이도 있었고, 들에는 곡식이 썩어 가고 있었다. 그들은 세상 끝이 자기들에게 임할 줄로 알았기 때문이었다. 그러므로 그것을 믿지 않은 바른 신앙인들은 도리어 멸망케 될 형편이었다. 그런데 그리스도는 그들이 정한 날, 말한 날에 오시지 않았다. 그 결과란

가히 처참하지 않을 수 없었다. 그 한 번만으로 넉넉한데, 밀러는 또다시 1845년 10월 19일로 재림 일자를 변경 발표하였다. 어리석은 교우들은 이번에는 틀림없을 것이라고 저번보다 더욱더 준비하며 선전하였다. 그리고 이를 믿지 않는 자는 멸망할 것이라는 위협의 말도 발표하였다. 그러나 역시 그날도 주님은 오시지 않았다. 그 결과는 더 처참했다.

오늘날에도 이런 어리석은 일들이 종종 되풀이된다. 말세가 가까워짐에 따라 더욱 빈번해 지고 있다. 이때 주님은 말씀하신다. "그날과 그 때는 아버지 외에 모르니 오직 깨어 준비하고 있으라"고 (마 24:36).

저명한 설교가 로버트 에드워드 네이버 박사가 캔사스 거리에서 부흥회를 인도할 때였다. 하룻밤을 새운 그는 매우 피로해서 힘 없이 집으로 돌아왔다. 그날 밤 그는 다음과 같은 꿈을 꾸었다.

하늘에 구름이 모여들기 시작했다. 처음에 그는 캔사스 주에 때때로 보던 것처럼 돌개바람이 일어난 것이라고 생각했다. 그러나 그 구름들이 점점 가까워질 때, 그것은 보통 일이 아니라는 것을 알게 되었다. 그 구름들은 매우 빛나고 아름다운 빛을 띠기 시작했다. 갑자기 그의 마음에 떠오른 것은 이 모든 구름은 주 예수님이 지상 재림하실 영광스러운 구름이라는 것이었다. 그의 마음은 환희와 감격에 차서 함성을 질렀다.

그러다가 그는 잠에서 깼다. 그때 심령의 잠도 깨었다. 큰 권능과 영광스런 주님의 재림을 생각함으로였다. 그는 힘을 다하여 신실하게 주님을 위해 일할 것을 마음에 결심했다. 그리고 다시 단에 나설 때 그는 능력의 사람이 되었다. 생각하는 이들에게, 기다리는 이들에게 재림에 대한 신앙은 힘을 주는 것이다(마 24:32–51).

과학자들의 말세에 대한 증거는 다음과 같다.

① 인구 폭발로 세계는 종말을 맞을 것이라고 한다.

토인비는 말하기를 만일 우리가 핵 전쟁을 겪지 않으면 인구 폭발로 이 지구 생활은 불가능할 것이라고 했다.

이태리 점성학자는 말하기를 주후 2050년이 되면 지구는 인구 폭발로 자멸할 것이라고 했다.

주후 2000년대엔 세계 인구가 70억이 넘을 것이고 미국의 인구는 9억이 될 것이다. 그래서 인구 폭발로 세계는 종말로 달음질한다.

② 전쟁으로 세계는 종말을 맞을 것이라고 한다.

프랑스 철학자 쟝 폴 사르트르는 말하기를 인간은 전쟁의 불속에서 탈출구가 주어져 있지 않다고 했다.

윈스턴 처칠은 말하기를 우리가 살고 있는 세계는 진퇴양난으로, 우리의 세계 문제를 우리가 해결할 수 없다고 했다.

토인비는 말하기를 만일 우리가 핵전쟁 아니면 인구 폭발로 자멸한다고 했다.

③ 지하자원 고갈로 세계는 종말을 맞을 것이라고 한다.

전문가들의 말에 의하면 석유는 20년 내지 30년이면 바닥이 날 것이며 석탄은 50년만 캐면 바닥이 날 것이라고 한다.

그래서 세계는 지하자원 고갈로 멸망할 것이다.

④ 공해문제로 세계는 종말을 맞을 것이라고 한다.

앞으로 공해문제는 바다가 오염되어 해산물이 멸종될 것이며 농사도 공해로 어려울 것이라고 한다. 이는 과학적으로 말세가 되었음을 증명한 것이다.

무디 선생은 생전에 그의 내세관을 이렇게 말하곤 했다.

"후일 신문에 동부 노스필드 출생인 D.L. 무디가 죽었다는 기사가 날 것이다. 그렇더라도 그 말을 믿지 말라. 그때에 나는 지금보다 더 생생하게 살 것이다. 그때는 늙고 병든 육체를 떠나서 영원한, 높은 집으로 올라가 있을 것이다. 그때에 나의 몸은 사망이 침범하지 못하고 죄가 더럽히지 못하는 하나님의 영광스러운 몸과 같이 될 것이다. 나의 육신은 1837년에 출생하였고 영혼으로는 1856년에 출생하였다. 육신으로 출생한 나는 죽을 것이다. 그러나 영혼으로 난 나는 영원히 살 것이다."

이와 같이 명확한 미래관과 죽음에 대한 동경을 가지고 있는 무디 목사는 땅에서의 마지막 날, 1899년 12월 22일 임종 전에 침대에 누운 채 이렇게 말하였다.

"땅이 물러가고 내 앞에는 하늘문이 열리는구나. 만일 이것이 죽음이라면 내 어찌 이것을 싫어할까. 저 나라에는 음침한 골짜기가 없고 아하 하나님께서 나를 부르고 계신다. 어서 가보아야 하겠다. 오늘은 내가 면류관을 쓰는 날이다."

그러고는 기쁨으로 숨을 거두었다.

성 프란시스는 생전에 제자들에게 그의 내세관에 대해서 이렇게 말하곤 했다.

"나는 2년 전 후오리니오에 있을 때 하나님의 묵시로 언제 죽을 것을 알았다. 하나님께서는 내 죄를 완전히 소멸하시고 천국의 축복에 들어갈 것을 나에게 확실히 약속하여 주셨다. 이때부터 나는 항상 기뻐하며 노래하지 않을 수 없었으며 세상 떠날 것을 기다리며 살았다."

그리고 그가 드디어 임종하게 되었을 때 "원컨대 내 영혼을 이 감옥(세상)에서 풀어 주시고 나는 그 이름을 감사하게 하소서. 주께서 내게 후하게 갚으시고 의인들이 나를 두루리다"라고는 숨을 거두었다.

순복음 교회를 개척하였던 허스턴 목사님의 사모님이 미국에서 자궁암으로 수술을 받을 때 몸이 극도로 쇠약하여 죽었다가 다시 깨어난 일이 있었다.

사모님의 생각에 남편이 "여보, 여보"라고 부르는 소리를 희미하게 들으면서 깊은 잠에 떨어진 것 같더란다. '아, 피곤하다. 잠이나 깊이 자야지'라고 생각하고는 잠이 들었는데 꿈에 남편이 자기 옆에 서 있고 자기는 천사가 와서 데려갔다고 한다. 남편에게 "여보, 나 가요"라고 해도 목사님은 알아보지 못하고 울기만 하더란다. 그래서 천사들과 같이 올라가는데 그곳이 바로 새 예루살렘으로 그문에 예수께서 나와서 손을 내밀고 "맥시야, 잘 왔다"라고 환영해 주시며 그 성으로 들어섰다고 한다.

그 성에 들어갔는데 앞으로 스데반이 지나가기에 "집사님, 당신이 돌들을 맞을 때 아프지 않던가요?"라고 물었더니 "빗발치듯이 돌이 날아오는데 하늘 문이 열리고 예수께서 손을 내밀어 주시는데 그 손을 잡고 올라와 보니 천국이더군요. 나는 아픔을 느껴보지 못했어요"라고 하더란다.

다윗을 만나고 베드로를 만나서 인사를 하였는데 어떤 낯모르는 사람이 "아주머니 잘 오셨습니다"라고 인사를 하는데 누구인지 알 수가 없었다고 한다. "아주머니는 나를 알지 못하지만 아주머니는 여기 살 사람이 아니고 다시 세상으로 내려갈 터인데 나는 허스턴 목사의 아우로서 몇 개월 만에 죽었습니다"라고 말했다고 한다. 그러나 맥시는 시집와서 그런 이야기를 들어 본 적이 없었으므로 이상하게 생각하였다.

예수님이 이곳저곳 데리고 다니시면서 구경을 시키는데 꼭 성경에 있는 대로 하나님의 보좌를 바라볼 수가 없고 생명 강이나 생명 나무에는 과실이 주렁주렁 달리고 그 밑의 의자에는 먼저 온 성도들과 천사들이 재미있는 이야기로 기쁜 생활을 하는 것을 보았다고 한다.

뒤에서 "맥시 맥시"하고 불러서 보니 아브라함이 "많이 구경했느냐?"라고 물으면서 다시 내려가거든 여기서 본 것을 많이 전하며 세상 유혹에 빠지지 말고 열심히 일하다 다시 오라면서 간곡히 부탁하더란다.

그러고 몇 시간 후 깊은 잠에서 깨어났는데 일어나 보니 남편 존 허스턴 목사님이 자기를 안고서 엉엉 울고 있더란다. 그래 사모님이 "여보, 당신 나에게 감춘 것이 있더군요. 하늘나라에 가보니까 날 보고 아주머니라 하는 사람이 있는데 당신 동생이 어려서 죽은 일이 있어요?"라고 묻자 목사님이 "태어난 지 몇 개월 만에 죽은 동생이 하나 있소"라고 하더란다. 사모님이 다시 살아나 온 가족이

기뻐하고 천국에 가 본 이야기를 듣고는 기뻐하였다고 한다.

토마스 스코트경은 죽기 바로 전날까지는 하나님이나 지옥에 관해서 관심도 갖지 않았었다. 그러나 죽음이 임박했을 때, 그는 그 엄연한 사실을 부인할 수 없었다. 그때 그는 흐느끼면서 이렇게 탄식했다.

"나의 운명은 너무나 비참하다. 전능하신 조물주의 심판에 빠져들어가야 하는 이 두려움을 어이할까?"

구원 받기 위해 믿고 알아야 할 것

1. 하나님께서 인간을 사랑하여 행복하게 살 수 있도록 창조하셨습니다.

● 창세기 1장 28절

"하나님이 그들에게 복을 주시며 그들에게 이르시되 생육하고 번성하여 땅에 충만하라, 땅을 정복하라, 바다의 고기와 공중의 새와 땅에 움직이는 모든 생물을 다스리라 하시니라"

● 예레미야 29장 11절

"나 여호와(하나님)가 말하노라 너희를 향한 나의 생각은 내가 아나니 재앙이 아니라 곧 평안이요 너희 장래에 소망을 주려 하는 생각이라"

2. 그러나 인간은 죄를 지어 하나님으로부터 분리됐습니다.

● 로마서 3장 23절

"모든 사람이 죄를 범하였으매 하나님의 영광에 이르지 못하더니"

● 이사야 59장 2절

"오직 너희 죄악이 너희와 너희 하나님 사이를 내었고 너희 죄가 그 얼굴을 가리워서 너희를 듣지 않으시게 함이니"

3. 인간이 지은 죄 때문에 인간에게 죽음과 고통과 불행과 심판이 오게 됐습니다.

● 로마서 6장 23절

"죄의 삯은 사망이요 하나님의 은사는 그리스도 예수 우리 주 안에 있는 영생이니라"

● 히브리서 9장 27절

"한번 죽는 것은 사람에게 정하신 것이요 그 후에는 심판이 있으리니"

4. 인간들은 종교나 교육이나 선행이나 어떤 방법으로도 하나님과의 관계를 회복 할 수 없습니다.

● 사도행전 4장 12절

"다른 이로서는 구원을 얻을 수 없나니 천하 인간에 구원을 얻을만한 다른 이름을 우리에게 주신 일이 없음이니라 하였더라"

● 요한복음 14장 6절

"예수께서 가라사대 내가 곧 길이요 진리요 생명이니 나로 말미암지 않고는 아버지께로 올 자가 없느니라"

5. 예수님께서 우리 죄를 대신해 죽으셨습니다. 그러므로 누구든지 예수 그리스도를 믿기만 하면 우리의 모든 죄가 용서되고, 구원을 선물로 받고, 하나님의 자녀가 됩니다.

● 요한복음 3장 16절

"하나님이 세상을 이처럼 사랑하사 독생자를 주셨으니 이는 저를 믿는 자마다 멸망치 않고 영생을 얻게 하려 하심이니라"

● 로마서 5장 8절

"우리가 아직 죄인 되었을 때에 그리스도께서 우리를 위하여 죽으심으로 하나님께서 우리에게 대한 자기의 사랑을 확증하셨느니라"

● 에베소서 2장 8-9절

"너희가 그 은혜를 인하여 믿음으로 말미암아 구원을 얻었나니 이것이 너희에게서 난 것이 아니요 하나님의 선물이라 행위에서 난 것이 아니니 이는 누구든지 자랑치 못하게 함이니라"

6. 구원받아 하나님의 자녀가 되면 하나님께서 우리에게 영원한 생명과 풍성한 생활을 주십니다.

● 요한복음 10장 10절

"도적이 오는 것은 도적질하고 죽이고 멸망시키려는 것뿐이요 내(예수님)가 온 것은 양으로 생명을 얻게 하고 더 풍성히 얻게 하려는 것이라"

● 요한복음 10장 28절

"내가 저희에게 영생을 주노니 영원히 멸망치 아니할 터이요 또 저희를 내 손에서 빼앗을 자가 없느니라"

7. 하나님의 자녀가 되려면 예수 그리스도를 믿겠다고 선택해야 합니다.

● 요한계시록 3장 20절

"볼찌어다 내가 문밖에 서서 두드리노니 누구든지 내 음성을 듣고 문을 열면 내가 그에게로 들어가 그로 더불어 먹고 그는 나로 더불어 먹으리라"

- 요한복음 3장 18절

"저를 믿는 자는 심판을 받지 아니하는 것이요 믿지 아니하는 자는 하나님의 독생자의 이름을 믿지 아니하므로 벌써 심판을 받은 것이니라"

- 로마서 10장 9절

"네가 만일 네 입으로 예수를 주로 시인하며 또 하나님께서 그를 죽은 자 가운데서 살리신 것을 네 마음에 믿으면 구원을 얻으리니"

믿음으로 결정할 때 영생(영원한 생명)이 주어집니다.

당신이 예수님을 구세주와 주님으로 마음에 믿고, 말로 믿는다고 고백하면 하나님의 구원, 즉 영원한 생명의 큰 복을 받습니다.

당신의 마음 중심에 주 예수 그리스도가 구세주와 주님으로 믿어지게 해 달라고 기도해 보십시오! 놀랍게도 믿어집니다.

이것은 하나님의 은혜이고 하나님의 선물입니다.

하나님께서 당신에게 예수 그리스도를 믿고 싶은 마음을 허락해 주시길 기도하며 축복합니다.

이제 아래에 기록된 기도문을 믿는 마음으로, 당신의 마음과 입술(말)로 고백하기 바랍니다.

그 순간 영생(영원한 생명)의 선물을 받게 됩니다.

하나님은 당신을 지금 이 순간에도 사랑하십니다.

> "하나님, 제가 지은 모든 죄와, 앞으로 지을 모든 죄까지, 영원히 용서해 주시기 위해, 그리고 저에게 하나님의 자녀가 되어 영원한 생명과 풍성한 생활을 주시기 위해, 십자가에서 저의 죄를 대신해 돌아가신 예수님의 공로를 믿습니다.
>
> 그리고 지금 마음으로 예수님이 나의 구세주와 주님이심을 믿고 영접합니다. 기쁘게 저를 받아주신 주 예수 그리스도의 이름으로 감사하며 기도합니다. 아멘!!"

**"영접하는 자 곧 그 이름(예수님)을 믿는 자들에게는
하나님의 자녀가 되는 권세를 주셨으니"** – 요한복음 1장 12절

망망한 바다 한가운데서 배 한 척이 침몰하게 되었습니다.
모두들 구명보트에 옮겨 탔지만 한 사람이 보이지 않았습니다.
절박한 표정으로 안절부절 못하던 성난 무리 앞에 급히 달려 나온 그 선원이
꼭 쥐고 있던 손바닥을 펴 보이며 말했습니다.
"모두들 나침반을 잊고 나왔기에… "
분명, 나침반이 없었다면 그들은 끝없이 바다 위를 표류할 수 밖에 없을 것입니다.

우리는 삶의 바다를 항해하는 모든 이들을 위하여
그 나침반의 역할을 하고 싶습니다.
우리를 구원하신 위대한 주 예수 그리스도를 널리 전하고 싶습니다.

"하나님은 모든 사람이 구원을 받으며
진리를 아는 데에 이르기를 원하시느니라"
(디모데전서 2장 4절)

힘을 다하여 **주님을 기다리라**
김장환 목사와 함께 / 주제별 설교 · 성경공부 · 예화 자료

발행처 | 나침반출판사
발행인 | 김용호

개정판 | 2021년 7월 15일

등   록 | 1980년 3월 18일 / 제 2-32호
본   사 | 07547 서울특별시 강서구 양천로 583
　　　　블루나인 비즈니스센터 B동 1607호
전   화 | 본사 (02) 2279-6321 / 영업부 (031) 932-3205
팩   스 | 본사 (02) 2275-6003 / 영업부 (031) 932-3207
홈   피 | www.nabook.net
이   멜 | nabook365@hanmail.net

ISBN 978-89-318-1619-8
책번호 마-1209

※이 책은 김장환 목사님의 설교 자료와
여러 자료를 정리 편집해 만들었습니다.

값은 뒤표지에 있습니다.